성공을 부르는
기억의 힘

The Power of Memory

마음의 눈으로 내 인생을 디자인 하는 법!

성공을 부르는
기억의 힘

윌리엄 W. 앳킨슨 지음 | 박별 옮김

머리말

당신의 성공을 이끌어 줄 기억의 힘

　에머슨(미국의 시인이자 사상가)은 인간이 도구를 이용하면서 인간에게 미치는 장단점에 대해 지적하면서, 마차라는 도구를 이용하게 된 인간의 다리 근육의 퇴화에 대해 지적하였다.

　이 사실은 현대사회를 살아가는 우리에게 많은 것을 생각하게 한다. 우리 주변, 우리의 삶의 방식에 대해 차근차근 살펴보자. 모든 사람이 가장 절실하게 느끼고 있는 것은 휴대전화의 보급에 의한 기억력 저하를 꼽을 수 있다.

휴대전화가 나오기 전까지는 자주 통화를 하는 상대의 전화번호 수십 개 정도는 기억을 하고 있었고, 비교적 짧은 시간에 자주 통화를 한 상대방의 전화번호는 쉽게 머리 속에 각인되었다. 그러나 지금은 오래 된 전화번호는 기억을 하고 있더라도 새롭게 만나 통화를 한 상대의 전화번호는 전혀 기억을 하지 못한다. 휴대전화라는 도구는 상대방에 대한 필요한 모든 것을 저장할 수 있는 도구로서 더 이상 인간의 기억 저장고인 뇌를 이용할 필요가 없게 되었다.

의식 혹은 무의식적으로 수차례의 반복을 하거나 필요에 의한 집중에 의해 잠재의식의 저장고에 저장될 수 있었던 이 숫자들은 이제 휴대전화라는 단말기 속에 저장되게 되었다. 물론 이 현상은 비단 현대의 문제만은 아니다. 이 책에서는 하나의 기억력 훈련 수단으로 제시하고 있는 고대의 기억술, 다시 말하면 자신들의 종교적 신념과 교리를 전수하기 위해 기하학적 분량을 틀림없이 머리 속에 각인시킬 수밖에 없었던 인간의 능력이 종이의 발명으로 인해 더 이상 불필요한 훈련이 되었다고 지적하고 있다.

우리는 언제부터인가 마트라고 하는 곳에서 생활에 필요

한 거의 모든 물건을 사고 있다. 여기에도 우리의 뇌를 퇴화시키고 있는 도구가 존재하고 있다. 1974년 처음 사용되기 시작한 바코드는 우리가 구매한 물건들의 합계가 얼마인지를 계산할 필요가 없게 만들어 버렸다. 때문에 구매하는 사람도 계산대에 앉아 있는 사람도 스스로 가격을 계산할 필요가 없게 되었다. 그저 빛이 나오는 막대를 물건의 한구석에 인쇄된 곳에 대기만 하면 그만인 것이다. 그러나 동네 구멍가게에 가서 한 번 살펴보기 바란다. 비록 상품의 수는 마트와 비교할 수 없지만 그래도 수백에 달하는 상품들이 진열장을 가득 메우고 있다는 것을 확인할 수 있다. 그리고 계산대에는 꽤 나이가 드신 분들이 앉아 있다. 물건을 사기 위해 가격을 물어보거나 계산을 할 때면 일일이 상품의 가격을 확인하지 않고도 정확하게 상품의 가격과 위치를 파악하고 있다. 이것은 상품의 이미지와 연관해 모든 기억들이 차곡차곡 쌓였기 때문에 가능한 것이다.

   세 살 무렵의 초겨울이었다. 농사를 짓기 위해 파 놓은 물웅덩이에서 고기를 잡아 가던 아저씨를 보고 나도 물고기를 잡아야겠다는 마음을 먹게 되었다. 그러나 세 살, 흔히 말하는 삼척동자에게 잡힐 물고기가 있었을까? 결국 나는 웅덩이에 빠진 채로 풀을 움켜쥐고 큰 소리로 울어대면서 생사의 기로에 놓이고 말았다. 다행인것은 사촌 누나가 멀리서 들리는 울음소리를 듣고 나를 건져 주었고, 나는 홀딱 벗겨진 채로 어머니 등에 업힌 채 서울까지 올라와야 했다. 사람들은 세 살 때의 기억이 남아있을 리가 없다고 하지만 내게는 아마도 죽을 때까지 지워지지 않은 채 또렷하게 내 잠재의식의 저장고에 생생하게 남아 있을 것이다. 추운 초겨울 물속에 빠져 생사의 기로에 놓였던 기억 그리고 따뜻한 온기를 느끼게 해 준 어머니 등에서의 안도감은 세 살 아이에게도 지워지지 않는 매우 강하고 세찬 이미지였던 것이다.

인간은 불가능을 가능하게 만들었지만 역설적으로 그로 인해 가능했던 것을 불가능하게 만들어 버리기도 했다. 물질문명의 진보, 도구의 발전은 인체의 근육과 뇌의 퇴화라는 필연적 산물을 낳고 말았다. 그러나 이것은 현대사회에 국한 되었던 것은 아니다. 앞서 말한 에머슨의 예와 같이 문명의 발달은 편리함과 동시에 퇴화라는 것을 동반하는 동전의 양면과도 같다. 그러나 그것을 인간의 숙명, 시대의 당위, 편리의 추구로 받아들인다면 결국 인간 자체는 퇴화의 길로 접어들고 말 것이다.

저자는 잠재의식의 창고에 선명하게 저장될 수 있는 이미지는 그것이 얼마나 강한가에 달려 있다고 역설하고 있다. 그리고 여러 가지 훈련 방법과 에피소드를 통해 그 사실을 증명해 주고 있으며 번역을 한 나, 그리고 책을 읽는 여러분도 부정을 할 수 없는 사실이다.

이 책에서는 아주 특별하고 쉬운 기억력 훈련에 대해 말하고 있지는 않다. 때문에 책을 읽으면서 저절로 고개를 끄덕이고 있는 자신의 모습을 발견할지도 모른다. 인간의 모든 기관은 쓰면 쓸수록 발전을 하고, 그와 반대로 쓰지 않으면 퇴화를 하게 마련이다. 이것에 대해 이의를 제기할 사람은 아무도 없을 것이다. 그렇다면 이 책에서 권하는 훈련의 방법과 에피소드를 읽고 한번쯤 자신의 기억력을 위해, 그리고 오감의 발달을 위해 도전해 볼만한 가치는 충분히 있다고 생각한다.

속도의 측정이 불능할 정도로 바뀌어가고 있는 현대사회

에서 아주 조금만 자신의 시간에 짬을 내어준다면 아마도 당신은 남들보다 앞선 성공의 길을 걷게 될 것임에 틀림 없다. 게다가 이번 기회를 발판으로 모든 것에 자신감을 갖고 긍정습관을 가져 보는 것도 괜찮을 것이다. 도전하는 당신에게 늘 행운의 여신이 따를것이기 때문에 항상 만반의 준비는 해두어야 한다.

-역자

차례

머리말 · 4

LESSON 1
기억이란 무엇인가
- 기억의 본질은 어떤 것일까? · 17
- 현재(顯在)의 의식을 마음이라고 생각해서는 안 된다 · 20
- 사람은 이런 방법으로 기억을 되살려낸다 · 23
- 기억은 모두 남아 있다 · 27
- 레슨1의 정리 · 30

LESSON 2
주의력과 집중력
- 처음 받아들인 이미지가 강약에 따라 이미지를 불러낼 수 있는 강약이 결정된다 · 33
- 인간은 동시에 다수의 것에 주의를 기울일 수 있을까? · 36
- 인간의 '주의력'에 알아보자 · 39
- 아이디어가 가장 잘 떠오르는 순간은? · 41
- 레슨2의 정리 · 44

LESSON 3
이미지가 중요한 이유
- 잠재의식은 눈앞의 이미지를 하나도 빠짐없이 받아들여 거대한 저장고에 보관한다 · 47
- 주의력에도 종류가 있다 · 49
- 사람은 오감을 통해서 이미지를 받아들인다 · 51

- 무조건 감각을 훈련시켜라 · 54
- 상상을 초월할 만큼 뛰어난 기억력을 가진 사람들이 있다 · 56
- 레슨3의 정리 · 61

LESSON 4
눈은 마음의 창
- '눈은 마음의 창'이란 말은 정말 기가 막힌 표현이다 · 65
- 세세한 곳까지 소중히 여기자 · 68
- 대상을 세밀하게 관찰하는 사람은 그리 많지 않다 · 71
- 훈련이 필요한 것은 '눈' 그 자체가 아니다 · 73
- 관찰력을 키우기 위한 훈련 · 75
- 레슨4의 정리 · 86

LESSON 5
귀는 눈보다 뛰어나다
- 받아들인 이미지를 유지하는 능력에는 개인마다 큰 차이가 있다 · 89
- 귀가 중요하던 시대가 있었다 · 92
- 레슨5의 정리 · 98

LESSON 6
청각을 향상시키는 훈련
- 청각을 향상시켜라 · 101
- 매일 실행해야할 훈련 · 105
- 레슨6의 정리 · 115

LESSON 7
연관의 법칙
- 사람의 사고는 의지에 의해 특정 방향을 향하고 있지 않을 때

- 어떤 움직임을 할까? · 119
- 이미지는 어떤 식으로 연결이 될까? · 122
- 모든 이미지는 연관성을 가지고 있다 · 124
- 기억에 관한 세 가지 원칙 · 128
- 이것만은 꼭 알아두자 · 132
- 인식에는 단계가 있다 · 134
- 레슨7의 정리 · 137

LESSON 8
이미지에 관한 13법칙
- 반드시 기억해 둬야할 법칙 · 141
- 레슨8의 정리 · 156

LESSON 9
고대 기억술
- 예로부터 전해오는 방법 · 159
- 어째서 고대 기억술의 맥이 끊겨 버렸을까? · 161
- 〈누적시스템〉이란 무엇일까? · 162
- 하루라도 게으름을 피우지 말 것 · 167
- 정말 중요한 것은 무엇일까? · 170
- 레슨9의 정리 · 174

LESSON 10
열 가지 질문 시스템
- 모든 사람에게는 잠재의식의 저장고에 수많은 종류의 막대한 정보와 지식이 쌓여 있다 · 177
- '이미지를 부활시키기' 위한 시스템 · 180
- 조각조각으로 나누어 분석해 볼 것 · 183

• 레슨 10의 정리 · 188

LESSON 11
숫자와 이미지
- 숫자에 대한 기억력은 사람에 따라 차이가 있다 · 191
- 연호를 잘 외우지 못한다면? · 192
- 상품의 가격도 마찬가지 · 197
- 그 밖의 숫자에도 활용이 가능하다 · 198
- 레슨11의 정리 · 200

LESSON 12
길을 헤매지 않는 사람이 되기
- 당신은 자주 길을 헤매는 사람인가? · 203
- 상상 속에서 여러 곳을 여행해 보자 · 205
- 레슨12의 정리 · 211

LESSON 13
사람 얼굴을 기억하는 방법
- 사람의 얼굴을 기억하는 것은 상당히 어렵다 · 215
- 어떻게 하면 사람의 얼굴을 기억할 수 있을까? · 217
- 레슨13의 정리 · 222

LESSON 14
사람의 이름을 기억하는 요령
- 사람의 이름을 외우는 데는 요령이 있다 · 225
- 지금 당장 이름에 흥미를 갖도록 노력하자 · 228
- 수많은 사람들이 도움을 받고 있는 방법 · 233
- 레슨14의 정리 · 237

한 문장 명언

나는 언제나 노동하고 있다. 그리고 늘 생각한다. 내가 어떠한 일에 당면했을 때마다 당황하지 않고 즉각 처리할 수 있었던 것은, 미리 여러 가지 경우에 대해서 생각해 두었기 때문이다. 다른 사람들은 예상조차 할 수 없는 돌발 사태를 내가 즉시 해결하는 것은 내가 천재이기 때문이 아니다. 평소의 명상과 반성의 결과인 것이다. 식사할 때나 극장에서 오페라를 구경할 때, 나는 늘 머릿속에서 노동하고 있다. 노동을 하려고 밤중에 눈을 뜰 때도 있다.

- 나폴레옹 -

LESSON 01
기억이란 무엇인가

기억이란 무엇인가

기억의 본질은 어떤 것일까?

무언가를 기억하였다가 다시 떠올리는 행위에는 어떤 법칙이 작용하고 있을까? 심리학에서는 '잠재의식의 영역'이라 부르고 있는 광대한 영역에 대한 지식이 반드시 필요하다고 한다. 이것을 분명히 이해해야 한다.

예전에는 우리의 마음과 머릿속에서 일어나는 모든 것들을 의식적으로 파악하고 있다는 것이 일반적인 상식이었다. 그러나 최근에는 마음 속에서 일어나는 것들 중에서 자각할 수 있는 부분이 아주 적다는 것이 보편적인 생각이다.

사고思考라는 영역의 대부분은 잠재의식 속에 감춰져 있

는 사고와 이미지, 감각, 생각 등으로 이루어져 있다. 이제는 아무리 의식적인 행위라 할지라도 그 행위를 만들어 내는 대부분의 요소들은 잠재의식의 영역에 있다는 것을 이해할 수 있다. 다시 말해서 아무리 의식적인 행위라 할지라도 그 배후에는 반드시 잠재의식이 작용하고 있다는 것이다. 현재顯在의식의 영역 깊숙한 곳에는 잠재潛在의식이라는 광대한 영역이 가로놓여 있다. 이 잠재의식의 영역은 베일에 감춰져 있기 때문에 심리학자들을 시작으로 수많은 연구가들이 주목하고, 조사와 연구를 통해 얻어 낸 산물에 의해 의식意識이라는 것에 대한 생각이 크게 바뀌고 있다.

일상의 정신활동 중에서 현재의식의 영역에서 이루어지고 있는 것은 고작해야 10%이하이며, 활동의 대부분은 잠재의식의 광대한 영역에서 이루어진다고 한다. 예컨데 우리가 '의식적인 지적활동'이라고 부르고 있는 것은 수면 위로 드러나 있는 빙산의 일각에 불과하며, 빙산의 대부분은 수면아래에 감춰져 있는 것과 같다.

달빛조차 없는 어두운 밤, 혹은 어두운 숲 속에 서 있는 모습을 상상해 보자. 손에 들고 있는 램프가 우리 주위에 작은 빛의 원을 그리고 있고 그 원은 멀어질수록 점점 흐리고 커지다가 결국은 완전한 어둠속으로 사라지고 만다. 지적 작업이란 이 흐릿한 빛과 어둠 속에서 이루어지고 있으며 그 작업의 결과는 필요에 따라 램프의 둥근 빛이나 전면에 드러난 현재의식 속으로 이동하는 것이다.

'기억'이라는 기능은 주로 잠재의식이 담당하고 있다. 잠재의식의 영역에는 거대한 기억의 저장고가 있으며 우리가 마음속으로 어떤 이미지를 떠올리는 순간부터 그것들이 현재의식의 영역으로 다시 드러나는 순간까지 잠재의식은 자신의 역할을 다한다.

우리는 항상 어떤 이미지인가를 기억하고 보관하고 있는데, 대체 이 이미지들은 어디에 보관되고 있는 것일까? 현재의식의 영역은 물론 아니다. 그렇다면 늘 우리 눈앞에 있어야 할 것이다. 새로 받아들인 이미지는 잠재의식의 저장고 깊숙한 곳에 다른 이미지들과 함께 보관되지만, 그 보관 형태가 너무나 복잡하게 얽혀 있기 때문에 필요하다고 해서 쉽게 찾아낼 수 있는 것은 아니다.

이미지가 보관되었다가 다시 드러날 때까지 몇 년의 세

월이 걸리는 경우도 많이 있다. 그렇다면 그 동안에 모든 이미지들은 대체 어디에 있는 것일까? 그것은 바로 잠재의식의 광대한 저장고 안이다. 그렇다면 저장고 속의 이미지를 불러내는 방법은 무엇일까? 바로 의지의 명령이다. 잠재의식의 저장고에 있는 일꾼들에게 과거의 이미지를 밝은 곳으로 꺼내오라고 의지가 명령을 내리기만 하면 된다.

이 일꾼들은 명령을 수행하기 위해 충분한 훈련을 받았기 때문에 의지의 명령을 쉽게 이해하고 따를 수 있다. 그리고 자신들에게 맡겨진 보물들을 소중히 보관하고 그 장소를 기억하도록 훈련이 되어 있기 때문에 명령만 내리면 빠르고 정확하게 꺼내올 수 있다.

현재(顯在)의 의식을 마음이라고 생각해서는 안 된다

이 두 가지를 같은 것으로 치부하여 잠재의식의 영역에서 지적활동이 이루어지고 있다는 것을 부정해 버리면, 우리가 특정 대상을 의식하고 있는 상태에 놓여 있을 때 '그것 이외의 것을 인식하고 있는 마음과 정신은 어디에 있을지', '현재 사용되고 있는 정보 이외의 정보는 어디에 있는지'를 설명할 수 없게 된다. 그 어떤 순간일지라도 현재의식의 영역은 아주 좁은 범위에 불과하므로 마치 망원경이나 현미경으로 사물을 들여다보는 것과 같다. 렌즈 속에 갇혀 있는 대상밖에 볼 수 없는 탓에 렌즈 밖에는 아무것도 존재하지 않는다고 여기게 된다. 마음 속에는 항상 사고와 이미지로 넘치고 있지만 사람들은 이것들이 현재의식의 영역 밖으로 드러날 때까지 완전히 잊고 있는 것이다.

  우리가 받아들이는 이미지, 생각하는 것, 행동하는 것은 하나도 남기지 않고 마음 속에 있는 광대한 잠재의식의 저장고 어딘가에 기록되며 완전히 사라지는 것은 단 하나도 없다. 오랫동안 완전히 기억 속에서 사라진 것처럼 여겨졌던 것이 어떤 연쇄작용이나 바람, 필요성, 혹은 긴박한 상황에 처해있을 때 현재의식의 영역으로 떠오르는 경우가 자주 있다. 마음이 받아들인 이미지의 대부분은 필요가 없기 때문에 현재의식의 영역으로 두 번 다시 떠오르지는 않더라도 잠재의식의 영역에서 두드러지지 않게 보관되어 있기 때문에 항상 우리의 생각과 사고와 행동에 영향을 끼친다. 그 이외의 이미지는 마음 속 깊은 곳에 숨어 있다가 다시 필요한 때를 기다리고 있다. 석탄 속에 열과 빛이 숨을 죽인 채로 숨어 있다가 그 역할을 다할 때를 기다리고 있는 것과 마찬가지이다.

인간이 한 번에 자각할 수 있는 것은 마음 속에 보관된 극히 일부에 지나지 않으며, 우리가 이미 잊어버렸을 것이라고 여겼던 것들을 어떻게 해서든 기억해내려고 노력을 한다면 마치 자신의 의지로 떠올리기라도 한 듯이 자연스럽게 현재의식의 영역으로 되살아난다.

무언가를 떠올리려고 애를 쓰지만 떠올릴 수 없어 포기를 했는데, 어느 순간 갑자기 자신이 원했던 것이 의식의 빛 속을 통해 모습을 드러내는 경우가 종종 있다. 마치 '기억해 내고 싶다' 라는 바람을 들은 잠재의식 속의 일꾼들이 비지땀을 흘려가며 우리가 바라던 이미지를 의기양양하게 찾아오는 것처럼 보인다.

혹은 누군가가 우연히 지나가는 말로 한 것이 계기가 되어 오랫동안 존재조차 잊고 있었던 기억을 떠올리는 경우도 있다. 자주 만나지 않은 사람의 얼굴이 꿈 속에서 불현듯 떠오르거나, 이미 오래 전에 잊어버린 목소리를 듣고

'그 사람이야!' 라고 기억해 내기도 하는데 완전히 기억 속에서 사라져 절대로 기억할 수 없을 것 같았던 사건들도 잠재의식의 어디엔가 숨어 있다가 어떤 커다란 자극이나 긴장, 건강 상태가 계기가 되어 마치 어제의 일처럼 또렷하게 되살아나게 된다.

사람은 이런 방법으로 기억을 되살려낸다

예를 들어 고열로 신음을 하고 있던 사람이 전혀 기억하지도 못할 헛소리를 하는 경우가 있다. 그는 회복이 되어도 아무것도 기억을 하지 못하지만 찬찬히 살펴보면 어릴 적, 혹은 젊었을 때 실제로 경험한 예가 있는 경우가 있다. 또 어떤 사람은 익사 직전에 지금까지 인생에서 일어났던 일들이 파노라마처럼 찰나에 떠올려지는 경우가 있다고 한다. 이것을 테마로 진행된 수많은 흥미로운 실험들이 권위 있는 심리학자들의 연구를 통해 밝혀지기도 했다.
영국의 한 해군장교가 익사 직전에 구조되었다. 그는 이렇게 말했다.
"지금까지 살면서 일어났던 모든 일들이 거꾸로 흘러갔

습니다. 대략적인 기억들이 아니라 놀라울 정도로 생생하게 그 광경이 보였고, 나라는 존재 전체가 주마등처럼 흘러갔습니다."

읽고 쓰기를 전혀 못하는 한 젊은 여성은 이런 경험을 했다고 한다. 고열로 신음을 하던 그녀는 라틴어, 그리스어, 히브리어로 말하기 시작했고 그 소리는 빠짐없이 기록되어졌으며, 하나하나의 문장에는 모두 의미가 있었지만 각각의 문장들은 서로 연관이 없다는 것을 알 수 있었다. 히브리어로 신음을 했던 내용 중에는 성경 내용이 조금 있었고 대부분은 유대교 랍비가 사용하는 말이었다.

그녀는 전혀 교육을 받은 적이 없었기 때문에 속임수는 불가능 했다. 때문에 '악마가 씌워졌다'는 결론이 내려졌다. 그런데 한 의사가 이 악마 설에 의문을 품고 그 비밀을 해명하기로 결심했다. 그녀가 9살 무렵에 늙은 목사의 집에서 자란 적이 있었다는 사실을 그는 어렵게 밝혀냈다. 그 목사는 부엌으로 통하는 복도를 오가며 랍비의 가르침과 라틴어와 그리스어로 선인들의 인용 문구를 암송하는 습관이 있었다. 의사는 막대한 양의 책을 조사한 끝에 그 여성이 신음하면서 말했던 문장들을 모두 찾아냈다. 그녀는 고열 덕분에 잠재의식의 저장고에 저장되어 있던 보물들을 밖으로 꺼낼 수 있었던 것이다.

영국의 어느 목사에게는 이런 에피소드가 있다.

이 목사는 과거에 단 한 번도 가본 적이 없는 성을 방문하였는데, 성문에 가까이 가자 '언젠가 온 적이 있는 것 같다.'라고 하는 너무나 확실한 느낌을 받았다. 성문은 물론이고 아치형의 성문 아래에는 당나귀가 서 있었는데, 당나

귀 등에 사람이 타고 있는 모습까지 생생하게 떠올랐다.

  목사는 이 사건을 흥미롭게 생각하고 있다가 얼마 뒤 어머니를 만났을 때 뭔가 아는 게 없는지 물었다. 그러자 어머니는 "네가 두 살이 될 무렵에 많은 사람들과 함께 그 성에 간 적이 있었고, 너는 당나귀 등에 걸어 둔 요람에 타고 있었다."라고 했다. 모두가 성문 위에서 점심을 먹고 있는 동안 목사는 당나귀 등에 태워진 채로 보모와 함께 성문 아래에 있었던 것이다. 그리고 두 번째 성을 방문했을 때 성문의 광경이 어릴 적 기억을 불러일으킨 것인데 마치 환영을 보고 있는 것 같았다고 한다.

  한 가지만 더 소개해 보기로 하겠다. 시골의 한 오두막집에 임종을 앞둔 여성이 있었다. 딸을 무척 사랑했던 엄마는 런던에 있던 어린 딸을 불러 짧은 시간을 함께 보낸 뒤 다시 그 곳으로 돌려보냈다. 얼마 뒤 어머니는 사망을 했고, 어린 딸은 어머니의 기억이 전혀 없는 채로 어른이 되었다. 중년이 된 딸은 우연한 기회에 어머니가 돌아가신 집을 방문하게 되었는데, 어머니가 숨을 거둔 방이라는 것을 모르는 채로 그 방에 발을 내딛었다. 그런데 그녀가 갑자기 동요하기 시작했다. 함께 갔던 친구가 "왜 그러느냐?"고 묻자 그녀는 이렇게 대답했다. "이 방에 왔던 것을 생생하게 기억하고 있어. 저 구석의 침대 위에 건강이 매우 안 좋아 보이는 여자가 누워 있었고, 그녀가 나를 껴안고 울던 모습이 기억나." 어린 여자 아이의 잠재의식 속 저장고에 잠재된 채로 잊고 있었던 기억이, 중년이 된 그녀가 방안에 들어서자마자 되살아 난 것이다. 잠재의식 깊숙한 곳에 감춰져 있던 것을 기억이 가져다 준 것이다.

기억은 모두 남아 있다

'한 번 마음 속에 이미지가 각인되기만 한다면 완전히 사라져 버리는 것은 단 하나도 없다'라고 단언할 수 있는 근거는 충분하다. 기록된 이미지는 모두 다 그대로 저장되며 겉으로 드러나지는 않더라도 완전히 소멸되는 것은 없으며 현재의식의 영역이 아닌 다른 곳에 존재하고 있다. 그리고 오랜 시간이 흐른 뒤에 의지의 힘이나 어떤 외부의 자극에 의해 현재의식의 밖으로 표출된다.

물론 의지의 힘이나 외부의 자극으로도 되살아나지 못하

는 이미지가 많다는 것도 사실이다. 그러나 그런 이미지들 또한 엄연히 존재를 하고 있으면서 우리의 행동과 사고에 반드시 영향을 끼치고 있다. 만약 잠재의식의 깊은 영역을 들여다 볼 수 있다면 마음이 받아들인 모든 이미지, 다시 말해 우리가 품고 있던 생각이나 지금까지 살아 온 나날들이 하나도 빠짐없이 저장되어 있을 것이다. 이 모든 이미지들이 설령 당장은 모습을 드러내지 않는다 하더라도 자신도 모르는 사이에 우리에게 영향을 끼치고 있는 것이다.

현재의 나를 형성하고 있는 것은 과거에 내가 생각했던 것, 말한 것, 본 것, 들은 것, 만진 것, 행동한 것들에 의한 것이다. 인간이란 과거의 합성물이다. 과거에 가지고 있던 사고와 이미지 혹은 행동들은 현재의 지적, 도덕적인 상태를 형성하는데 영향을 끼치지 않는 것이 단 하나도 없다. 우리가 과거에 품고 있던 견해와 생각의 대부분은 아마도 두 번 다시 겉으로 표출되지 않은 채로 그저 잠들어 있는 과거의 작은 경험들이 축적된 결과이다.

다음 장에서부터는 잠재의식이 정보를 소중하게 보관하는 장소를 기억하고, 의지의 명령으로 재빨리 정보를 찾아내고 꺼내기 위한 잠재의식의 활용 훈련에 대해 다루어 보겠다. 기억력의 개선과 훈련에는 그 끝을 알 수 없을 만큼의 엄청난 가능성이 있다는 것을 깨닫게 될 것이다.

완전히 '사라지는' 것이 단 하나도 없다는 것을 깨닫게 되면 이미지를 받아들이고, 보관하고, 불러내는 기술을 개선시킬 수 있게 되어 엄청난 가능성에 한발 더 다가갈 수 있게 된다. 잠재의식에 강한 인상을 남기고 조심스럽게 보관된 것일수록 현재의식의 영역으로 불러내기 쉽다는 것도 깨닫게 되며 잠재의식의 일꾼들을 훈련시켜 원하는 정보를 빠르고 정확하게 불러내는 방법은 사람을 다루는 방법과 마찬가지이다. 그렇다면 잠재의식의 일꾼들에게 어떻게 지시를 내려야 힐지 알아보도록 하자.

― 레슨1의 정리 ―

□ 현재의식의 깊숙한 곳에는 잠재의식이라는 광대한 영역이 펼쳐져 있다.

□ 기억은 잠재의식 속에 보관되어 있다.

□ 완전히 지워지는 기억은 단 하나도 없다.

□ 잠재의식에 강한 이미지를 남기고 소중하게 보관된 것일수록 현재의식의 영역으로 불러내기 쉽다.

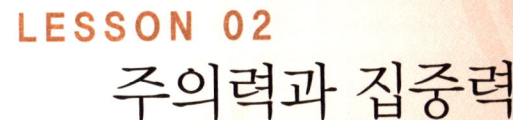

LESSON 02
주의력과 집중력

주의력과 집중력

LESSON 02

처음 받아들인 이미지의 강약에 따라 이미지를 불러낼 수 있는 강약이 결정된다.

이미지의 강약은 그 대상에 얼마나 주의를 기울였는가와 비례한다. 이것은 심리학의 원칙이다. 마음 속에 가장 오랫동안 강한 이상을 남기는 것은 최고의 주의력을 기울였을 때이다. 어떤 전문가는 이렇게까지 말하기도 했다.

"눈앞에 있는 대상에 대한 주의력은 인간이 가지고 있는 지적습관 중에서 가장 필요한 것입니다. 주의력을 집중한다면 그 힘은 누구든 간에 무한이라고 해도 좋을 만큼의 가능성을 발휘하여 능력을 키울 수 있습니다."

개인에 따라 두뇌의 차이가 있는 것은 이성이라는 추상적인 능력의 차이가 아니라 주의력의 차이이며, 주의력은 모든 지적능력의 동반자와 같은 존재로 불리기도 한다.

주의력을 집중시켰는지와는 별개로 오감을 통해 받아들인 모든 이미지는 잠재의식의 저장고에 보관된다. 그러나 대부분의 이미지는 기억력을 통해 의식적으로 떠올리려 하지 않기 때문에 현재의식의 영역에서는 우리에게 별 도움이 되지 않는다. 그런 의미에서 본다면 존재하지 않는 것과 마찬가지이다.

그러므로 주의력을 기울이지 않는다면 이미지가 지속적으로 보관될 수 없을 것이며 어떤 대상을 오감이라는 경로를 통해 뇌로 이미지를 보내는 것만으로는 불충분하며, 무언가를 기억에 각인시키기 위해서는 처음에 받아들인 이미지에 의식적인 주의를 기울일 필요가 있다고 할 수 있다.

의식적으로 주의를 기울이는 것과 단순히 감각을 통해 받아들인 이미지의 차이를 알기 쉽게 설명하기 위해 번화한 도심의 거리에 서 있는 모습을 상상해 보라.

무의식적으로 눈에 들어오는 수많은 것들, 청각을 통해

뇌에 전달되는 수많은 소리, 그와 마찬가지로 후각과 촉각도 사람들과 접촉하거나 물건을 만질 때마다 그 역할을 다하고 있다.

이런 광경이나 소리, 냄새, 감촉의 홍수 속에서 모든 감각의 문이 활짝 열려 있는 상태로 이미지를 받아들이고 있으면, 어떤 하나의 광경, 어떤 하나의 소리, 혹은 특정 생각에 사로잡히게 되어 주변에 다른 것은 존재하지 않는 것과 같은 상태로 빠져들기 쉽다. 그리고 나중에 금방 떠올릴 수 있는 것은 당시에 집중해서 본 것, 집중해서 들은 것, 집중해서 생각했던 것뿐이다.

우리가 보고, 듣고, 만지는 것들의 대부분에는 집중력을 기울이지 않았기 때문에 거의 그 자리에서 잊어버리고 만다. '기억력이 나쁜 것은 주의력이 산만하기 때문이다' 혹은 '거친 관찰습관과 불완전한 기억은 쌍둥이이다' 라고 할 수 있다. 이 테마에 대해서는 다른 장에서 다시 주의력을 높이고 개발하기 위한 방법과 훈련을 소개하며 다루기로 하겠다.

인간은 동시에 다수의 것에 주의를 기울일 수 있을까?

 이에 대해서는 의견이 분분하지만 현재 가장 권위 있는 생각은 다음과 같이 일치하고 있다. '인간은 한순간에 한 가지 것에만 주의를 기울일 수밖에 없지만 한 시점에서 다른 시점으로 순식간에 주의를 이동하는 것은 가능하기 때문에 자신이 동시에 두 가지 이상의 것에 주의를 기울이고 있다고 착각한다.' 라고 하는 설이다. 대단히 바쁜 사람들 중에는 동시에 두 가지 이상의 일이 가능하다고 하는 사람도 있는데, 사실은 한 가지 것에서 다른 것으로 대단히 빠른 속도로 시선을 이동시키는 능력이 발달했을 뿐이라고 여겨진다.

 하나의 테마나 대상에 마음을 집중하고 있으면 주변의 다른 것들이 보이지도 들리지도 않게 되기 때문에 무언가에 몰두하고 있으면 다른 사람이 방에 들어오는 것조차 모르거나, 몇 미터 떨어지지 않은 곳에서 자명종 소리가 울리고 있어도 듣지 못하는 경우가 있는 것이다.

 나는 가끔 도서관에서 책을 읽고 있는 사람들의 대다수가 다른 것은 눈에 보이지 않고 들리지 않은 채로 시간이 흐르는 것조차 잊어버리는 모습을 보곤 한다. 너무 책에 집중한 나머지 바로 옆에서 누가 앉는지, 혹은 일어서는지 전혀 느끼지 못한 채로 사서가 "미안하지만 문 닫을 시간입니다."라며 어깨를 두드릴 때까지 까맣게 잊은 채 문 닫을 시간이 된 것조차 모른다.

전철 안에서 백일몽에 빠져 내릴 역을 몇 개나 지나쳐 버리는 사람도 많다. 또한 전쟁 중에는 부상의 고통을 느끼지 못하는 경우도 흔한 일이다.

무언가 한 가지 일에 섬세한 주의를 기울이길 바란다면 다른 것들이 마음 속에 들어올 수 없는 시간과 장소를 골라야 한다.

예를 들어 당신이 친구에게 뭔가 중요한 일에 관심을 갖기를 바란다고 가정하자. 만약에 상대가 다른 일에 온 정신이 빼앗겨 있거나 다른 일에 열중해 있을 때, 당신이 원하는 이야기로 상대의 주의를 끌려고 하지 않을 것이다. 상대가 하던 일을 멈추고 당신의 이야기에 귀를 기울여 줄 것이라는 확신이 들 때까지 기다릴 것이다.

한 가지 대상에서 완전히 관심을 끊고 새로운 대상에 100% 관심을 집중시킬 수 있는 주의력을 발휘할 수 있는 것은 인간뿐이다. 그리고 당연히 주의력을 높이면 기억력도 향상되며, 가장 기억을 하기 쉬운 것은 두뇌가 활발하게 활동을 하고 있을 때가 아니라 쉬고 있을 때 받아들인 이미지인 것이다.

한 가지 대상에만 주의를 기울이면 이미지는 더 없이 선명하게 각인 되어 두뇌의 작용 또한 더욱더 활발해지기 때문에 평소에는 발휘할 수 없었던 능력을 발휘하게 된다.

예를 들어 통증 때문에 온 신경이 곤두서 있을 때는 통증 부위가 훨씬 더 아프게 느껴진다. 몸의 어느 한곳에 집중해서 주의를 기울이면 그 부분에서 뭔가 감각을 느끼게 된다고 한다. 그리고 몸 속의 장기 중에 어느 하나에 강한 주의력을 집중시키면 그 부분의 혈액순환이 좋아진다는 사실도 이미 증명된바가 있다.

감각과 행위의 대상이 되는 것의 또렷하고 선명한 이미지를 얻고 싶다면 그것에 주의력을 집중시켜야 한다. 그리고 두 말할 필요도 없이 집중력은 지성을 활용해서 훈련한다면 더욱더 큰 폭으로 향상시킬 수 있다.

인간의 '주의력'에 알아보자

뛰어난 지성을 지닌 사람은 잘 훈련된 주의력을 가진 사람인 반면에 어리석은 사람은 수의력이 거의 없는 것과 마찬가지인 사람이다. 우수한 사람의 두뇌에는 응축된 선명한 이미지로 가득 차 있기 때문에 무슨 일을 하던 간에 그 이미지를 현재의식의 영역으로 끌어낼 수 있다. 반면에 주의력이 산만한 사람은 아무리 이미지를 끌어내려고 하더라도 머리 속에 저장된 이미지가 적기 때문에 상대를 설득시키거나 임기응변 능력이 떨어진다.

우리가 어떤 대상에 대한 지식이 있다는 것은 그것에 대해 기억을 하고 있는 것에 불과하다. 그렇다고 본다면 인간의 지식이란 것은 완전히 기억 위에 성립한다고 할 수 있다. 그리고 기억은 주의력 위에서 성립되고 있기 때문에 주의력이야말로 지식의 가장 중요한 요인인 것이다. 주의력을 훈련하는 것은 모든 사람에게 도움이 된다. 순간에 한 가지 것에만 최선을 다하는 습관을 들이도록 하자. 하나의 대상에 주의력과 관심을 쏟으면, 그것이 일이든 공부든 간에 즐겁게 할 수 있게 되어 성과 또한 높아질 수 있다.

아무리 바쁘고 복잡하게 얽혀있는 사안이라도 일은 일일 뿐이고 가정에까지 가서 일을 하면 회사와 집의 정확한 경계선이 무너지고 만다. 일을 할 때는 일에 집중하자. 그리고 휴식과 여가를 즐길 때는 일에 대해 완전히 잊어버리자. 직장에서는 일을 사랑하되 가정에서는 일에 대해 깨끗이 잊어버리는 것이 중요하다.

아이디어가 가장 잘 떠오르는 순간은?

이처럼 '집중된 주의력' 이란 언뜻 보기에 이론과는 상반된 것처럼 보이지만 '간단한 작업을 할 때 예를 들어 바느질이나 뜨개질을 하고 있을 때, 책장을 넘기고 있을 때, 멍하니 그림을 바라보고 있을 때, 담배를 피우고 있을 때 등에 기막힌 생각이 떠오른다는 사람이 많다' 는 것도 사실이다. 이 사실은 '집중된 주의력' 과 상반된 것처럼 보이지만 실제로는 위의 사실을 뒷받침해주는 것에 불과하다.

중요한 생각에서 벗어난 집중력은 자연스럽게 그보다 훨씬 가벼운 작업을 향하게 된다. 그런 작업은 최소한의 집중력만 있으면 되기 때문에 중요한 테마에 대한 집중력은 조금의 흔들림도 없게 된다. 오히려 가벼운 작업을 함으로써 생각과 생각 사이에 머리를 식힐 수가 있다.

그러므로 눈앞의 대상과 생각에 주의를 집중하는 것이 어려운 사람은 가벼운 작업도 함께 병행하면 좋을 것이다. 단, 이 작업은 어디까지나 '도우미' 역할이기 때문에 가벼울수록 좋다. 중요한 테마를 도우미로 결정하게 되면 주의력이 분산되고 만다.

한 테마나 대상에 대해 생각할 때 가장 성과를 기대할 수 있는 것은 대상이 되는 것의 전체에 주의를 기울이는 것이 아니라 작은 것 하나하나에 주의를 기울여 나가는 방법이다. 대상을 분해하고 분석하는 능력을 발휘했을 때 대상의 이미지는 가장 강력하게 각인되며 지적작업을 하고 있을 때 이 '분해력'을 활용하지 않는다면 발전을 바라기는 어렵다. 대상의 전체를 알기 위한 최선의 방법은 각각의 조각에 대해 아는 것이다.

독일의 심리학자 헬링 박사는 '세분화는 진보의 어머니다'라고 말했다. 예를 들어 뭔가 복잡한 움직임을 익히고 싶다면 일단 그 움직임을 구성하는 각각의 요소들을 먼저 익혀야 한다. 이 원리는 대상을 인지하고 이미지를 받아들이는 작업에서도 통용된다.

집중하는 습관, 어떤 것에 주의를 기울이는 습관이 없는 사람에게는 앞으로 그런 습관을 익히는 것이 지루하고 힘든 과정일 것이다. 그러나 일단 실천만 한다면 습관이 몸에 배이게 되고 언젠가는 전혀 힘들이지 않고 무의식적으로 주의력을 조정할 수 있게 된다. 이 책에서 기술하고 있는 바람직한 정신적 자질은 모두 훈련을 통해 익힐 수 있으며 필요할 때가 되면 자연스럽게 이끌어 낼 수 있는 것이다. 주의력도 그것이 필요한 것에 대해서는 자연스럽게 집중할 수 있게 된다.

그것은 정신적인 분석력에 있어서도 마찬가지이다. 정신적인 습관을 확립해 두면 지성은 그에 따라 자동적으로 움직여 준다. 정신의 길을 잘 닦아 둔다면 지성이 그 길을 통과하게 될 것이다. 정신적으로나 지적으로나 한 단계 올라갈 수 있는 비결은 거듭된 훈련을 통해 한 걸음씩 전진하는 것 뿐이다.

레슨2의 정리

- 두뇌에 개인의 차가 있는 것은 주의력의 차이가 있기 때문이다.
- 완전하고 선명한 이미지를 얻고 싶다면 그것에 대한 주의력을 집중해야 한다.
- 정신의 길을 닦아 두면 지성이 그 길을 통과하게 될 것이다.

LESSON 03
이미지가 중요한 이유

LESSON 03

이미지가 중요한 이유

잠재의식은 눈앞의 이미지를 하나도 빠짐없이 받아들여 거대한 저장고에 보관한다

　우리가 받아들이는 이미지의 성질은 천차만별이다. 대단히 선명하고 강렬한 이미지가 있는 반면에 비교적 덜 강한 이미지, 흐릿하고 불분명한 이미지도 있다. 이 이미지의 '강도'를 결정하는 요인은 감각이 무언가를 인식했을 때 그 대상에 대해 마음에서 우러나는 흥미의 정도와 대상을 향한 의식적인 주의력의 정도에 달렸다.

　자신이 흥미를 느끼는 대상, 혹은 의식적으로 주의를 기울인 것은 대단한 것이 아니더라도 흥미나 관심이 없는 것보다 훨씬 강한 인상을 남기게 되고, 그렇게 보존된 기록은 필요할 때마다 언제라도 쉽게 불러낼 수 있다.

잠재의식 저장고의 성질을 생각할 때, 오감을 통해 머리로 들어온 것을 주의력이 보존할 이미지의 크기와 형태를 결정한다고 할 수 있다. 그리고 이미지를 인식한 순간에 생겨나는 흥미가 그 이미지에 채색을 하게 된다. 이것을 절대 잊어서는 안 된다. 주의력이 크기를 정하고 흥미가 색을 결정하는 것이다.

저장고에 저장된 이미지를 불러내고 싶을 때는 작은 것보다 큰 것이 훨씬 불러내기 쉽다. 마찬가지로 옅은 색깔보다는 강렬한 빨강을 보다 쉽게 찾을 수 있다. 주의 깊게 정리되어 보존된 것이든 대충 보관해 두었던 것이든 이 법칙은 모두 통용된다. 잘 정리하여 보관한 것이 찾기 쉽다는 것은 두 말할 필요도 없이 당연한 것이고 크고 강렬한 색채는 찾고자 하는 대상을 훨씬 더 눈에 잘 띄게 한다.

특정 대상을 빈번하게 떠올리거나 이용하게 되면 저장고의 일꾼이 그 대상이 있는 장소를 기억하게 되고 저장고에서 불러낼 때마다 흥미와 주의가 더해지기 때문에 빈번한 대상은 특정 크기와 색깔을 띠게 된다. 주의력은 바꿔 말해 '의식을 집중하는 힘'이다. 태양빛이 세상의 온갖 것들을 비추듯이 의식 또한 수많은 것들을 향해 넓게 펼쳐져 나가기도 한다. 그런가 하면 마치 렌즈를 이용해서 태양빛의 초점을 한 곳에 집중시키듯이 의식 또한 특정 대상에 집중하기도 한다. 주의력의 크기야말로 잠재의식에 각인된 이미지의 강약을 좌우하는 것임에 틀림없다.

주의력에도 종류가 있다

　심리학에서는 주의력을 두 가지로 분류하고 있다. 의식적인 주의력과 무의식적인 주의력이다. 무의식적 주의력은 최소한의 노력으로 집중이 가능한 것, 또는 의지가 전혀 필요하지 않은 것처럼 보이는 것을 말한다. 반면에 의식적인 주의력은 의지의 힘으로 집중하는 것을 말한다.

　하등생물이나 미숙한 인간은 의식적인 주의력이 거의 없는 것과 마찬가지이지만, 무의식의 주의력은 엔진의 힘을 최대한으로 높여 작동시키고 있다. 이와 반대로 능력을 훈련한 사람은 높은 레벨의 의식적인 주의력을 표출한다. 의식적인 주의력을 훈련하는 능력이 인간과 하등생물의 가장 큰 차이이며, 의식적인 주의력의 레벨이 인간의 발달 단계를 나타내 주는 것처럼 여겨진다. 대부분의 사람들은 무의식적 주의력과 의식적 주의력의 경계선에 서 있지만 그 경계선을 넘어 진화하지는 않는다.

무의식적 의지력은 하등생물, 그리고 인간마다 레벨의 차이가 있지만 선천적으로 타고나는 능력이다. 반면에 의식적인 주의력은 의지력을 훈련한 결과로 얻어 낼 수 있는 성과이다. 하등생물, 어린 아이, 미숙한 인간의 경우 자신이 흥미를 느끼는 대상이 아니라면 잠시도 주의를 기울일 수가 없다.

능력이 발달한 사람은 흥미가 없는 대상이라 할지라도 의지의 힘으로 주의력을 기울여 얻고자하는 정보가 머리 속에 들어올 때까지 주의력을 기울일 수 있다. 그런 사람은 의지의 힘으로 자신이 흥미를 느끼는 것은 물론 따분하고 전혀 흥미를 일으키지 못하는 것에도 주의력을 발동할 수 있다.

능력이 뛰어난 사람은 거의 모든 것에서 무언가 자신만

의 흥밋거리를 찾아낸다. 따라서 같은 것을 보거나 생각하면서 전혀 흥미를 느끼지 못하는 미숙한 사람보다 훨씬 주의력을 집중하기 쉬운 것이다.

발달된 인간으로서의 또 한 가지 능력은 바람직하지 않은 대상은 현재의식의 영역에서 몰아낼 수 있다는 점이다. 이 또한 의지의 힘을 이용해서 흥미가 없는 대상에 주의력을 집중할 때와 마찬가지 방법을 활용한다. 미숙한 사람은 의식적인 주의력이 없는 것과 마찬가지이기 때문에 외부의 영향에 휘말리기 쉽다. 서커스 퍼레이드를 발견한 어린 아이가 집이나 부모님은 까맣게 잊은 채로 퍼레이드를 쫓아가다가 결국은 미아가 되는 것과 같은 수준이다.

사람은 오감을 통해서 이미지를 받아들인다

오감을 '직접적인 감각'과 '간접적인 감각'으로 나누어 생각해 보기로 하겠다. '직접적인 감각'은 이미지를 뇌에 직접적으로 전달하는 것으로 '촉각' '미각' '후각'이 이에 해당된다. 인간은 이런 감각을 이용할 때 이미지를 전달하고 있는 대상과 접촉하게 된다. 촉각과 미각의 경우, 특히

촉각은 알기 쉬운 형태로 나타나지만 후각은 좀 까다로워서 대상이 발산하는 미세한 입자가 후각신경과 접촉하는 형태로 이루어진다. '간접적인 감각'은 이미지를 간접적으로 뇌에 전달하는 것으로 '시각'과 '청각'이 그것이다. 이미지는 각각 빛과 음파를 통해 뇌에 전달된다.

직접적인 감각에 의해 전달된 이미지가 기억력으로는 쉽게 불러낼 수 없는 것과 달리, 간접적인 감각에 의해 얻어진 이미지는 떠올리기 쉬운데다가 지성을 이용해서 훈련하면 상당히 높은 레벨까지 도달할 수 있다.

예를 들어 어떤 맛을 보거나 냄새를 맡고 만졌을 때의 동작과 시간, 당시의 상황 등은 또렷하게 떠올릴 수 있지만 맛이나 냄새, 감촉은 정확하게 묘사하기가 쉽지 않다. 그러나 맛을 보고, 냄새를 맡고, 만져 봤을 때의 느낌은 지워지지 않고 마음 속에 기록되기 때문에 다시 같은 경험을 하게 된다면 인식할 수도 있다.

이 인식능력은 촉각, 미각, 후각이 고도로 발달된 와인 감별사나 양털 감별사처럼 훈련이 잘 되어 있는 사람은 새로운 이미지가 뇌에 전달된 순간에 이전에 느꼈던 기억이

생생하게 되살아나게 된다.

   그러나 과거에 경험한 맛과 냄새와 감촉을 실제의 것으로 상상하는 것은 대단히 어려운 일이다. 예외적으로 일부 미식가나 와인 감별사처럼 좋아하는 음식이나 와인의 맛에 대한 명확한 이미지를 상상력과 기억력을 이용해 마음속으로 되살릴 수 있는 사람들에 대해 기술된 책이 있기도 하다. 최면술도 암시에 의해 이미지를 찾아내는 것 같다. 그러나 일반적으로 말하자면 맛과 냄새와 촉감을 상상하는 것은 보고 들은 것을 떠올리는 것보다 어려운 일이다.

무조건 감각을 훈련시켜라

   시각과 청각을 통해 받아들인 이미지들은 그러한 어려움이 없다. 사람은 일어난 사건 그 자체를 기억할 뿐만이 아니라 기억의 도움을 받은 상상력을 통해 그 당시의 광경을 머릿속에서 묘사하거나 소리를 들을 수 있기 때문이다. 이 능력이 매우 발달해서 당시와 마찬가지로 선명하게 광경을 묘사하거나 소리를 듣는 사람도 있다. 화가나 음악가가 그 좋은 예이다.

또렷하고 선명한 이미지를 받아들이는 것이 기억력을 양성하는데 있어서 대단히 중요한 항목이라는 것은 두 말할 필요도 없는 사실이다. 무언가 기억을 떠올려야 할 것이 없다면 기억력도 무용지물에 불과하다. 여러 가지 크기와 다양한 색채를 띠고 있는 온갖 기억들로 차고 넘쳐나는 잠재의식의 저장고에 대해 설명했던 것을 생각해 보자. 머리 속에 보관된 이미지들을 필요할 때 당장에 찾아낼 수 있도록 크기, 모양, 색깔별로 구분해 두는 것이 얼마나 중요한 일인지를 깨닫게 될 것이다. 외부에서 받아들인 이미지를 나중에 기억해 낼 수 있게 빠르고 정확하게 기록하도록 오감을 단련시키는 것은 물론이고, 주의력과 관심을 현재 하고 있는 작업을 향해 쏟아 무엇을 생각하고 어떤 정신 상태였는지를 필요할 때 기억해 낼 수 있도록 마음의 훈련도 필요하다.

이미지를 받아들일 때는 두 가지 이상의 것을 병행할 때가 많다. 예를 들어 책을 읽을 때면 눈이 단어, 문장, 단락, 페이지 등에 대한 각각의 느낌을 기록한다. 게다가 저자의 생각과 의미에 대한 느낌, 읽는 입장에서의 생각과 사고에 대한 느낌, 저자의 이론을 소화하고 흡수한 뒤에 독자로서 느낀 결론, 이미 자신의 마음속 저장고에 보관되어 있던 정보와 의견 그리고 이런 느낌은 모두 기억력에 의해 되살아나는데, 그 차이는 기억력이 얼마나 개발되어 있는지에 달려 있다.

주의력과 흥미를 키움으로써 믿을 수 없을 만큼 대단한 성과를 거둔 사례는 실제로도 많이 알려져 있는데 약간의 훈련을 하기만 한다면 누구나 자기 자신은 물론 주변 사람들조차 놀랄 만한 성과를 거둘 수 있다.

상상을 초월할 만큼 뛰어난 기억력을 가진 사람들이 있다

프랑스의 유명한 마술사 로베르트 우댕(Houdin Robert, 1805~1871: 중세기적 연출을 고쳐, 기계·전기를 사용한 대규모의 마술을 고안하여 근대 마술의 아버지라 불린다.)의 위대한 마술은 모두 빠르고 정확한 관찰력과 뛰어난 기억력이 없이는 불가능한 것들이다. 우댕은 오랜 세월의 훈련을 통해 기억력과 함께 빠른 통찰력과 주의력을 몸에 익힌 사람이다.

우댕이 젊었을 때 파리에서의 이런 일화가 남아 있다. 거리를 빠르게 걸으면서 가게 안을 순간적으로 바라본 뒤 곧바로 다른 방향으로 눈길을 돌리고 몇 분 동안 그대로 걷다가 걸음을 멈춰 서서 노트에 가게 안에 있던 물건들을 가능한 한 많이 적었다. 꾸준한 훈련과 노력이 거듭되면서 주의력과 관찰력이 향상되어 점점 더 많은 것들을 기억해 낼 수 있다는 것을 알게 되었다. 이것은 기억했던 것을 떠올리는 능력과 동시에 이미지를 받아들이고 보관하는 능력의 훈련도 착실히 진행했기 때문이다.

드디어 우댕은 자잘한 물건들이 빽빽하게 진열되어 있는 커다란 유리창을 스쳐지나가면서도 각각의 물건들의 이미지를 또렷하게 받아들이게 되었고, 몇 시간이 지난 뒤에는 모든 물건을 거의 틀림없이 기억해 내고 설명할 수 있게 되었다고 한다.

이 능력을 몸에 익힌 우댕은 성공을 하여 막대한 부를 축적할 수 있었다. 그의 두뇌는 사진의 감광판처럼 눈에 들어오는 모든 것을 복사해 버렸고 나중에 필요한 이미지만을 떠올리면 눈으로 보듯이 물건들의 이름을 부르기만 하면 기억해 낼 수 있었다고 한다.

또한 어느 유명한 화가는 단골 고객의 초상화를 그릴 때면 이런 방법을 쓰기도 했는데, 먼저 상대를 의자에 앉히고 1시간 동안 뚫어져라 바라본 뒤에 "이제 돌아가셔도 좋습니다. 그리고 다시 오실 필요가 없습니다."라고 말했다고 한다. 그렇게 몇 달 동안 의뢰인들은 단 한 번만 포즈를 취하고 돌아갔다. 화가는 아무도 없는 의자만을 가끔씩 응시하면서 붓을 놀리기 시작했다. 그는 의자에 앉아 있는 모델의 모습이 실제로 '보인다.'고 말했다. 모델의 이미지가 그의 기억 속에 또렷하게 각인 된 것으로, 이것은 물론 극단적인 예이긴 하지만 다른 화가들도 그에게 뒤지지 않을 만큼의 능력을 연마하고 있다.

독일의 고고학자 하인리히 슐리만(Heinrich Schliemann, 1822~1890: 그리스 신화에 나오는 전설의 도시 트로이의 실존 사실을 발굴로 증명함)은 원래 기억력이 별로 좋지 않았지만 불굴의 의지와 피나는 노력을 거듭한 덕분에 6개월 만에 새로운 언어를 익히고 완벽하게 읽고 쓸 수 있게 되었다고 한다. 게다가 식료품 사업도 잘되어 많은 재산을 축적할 수 있었는데 그의 성공의 이면에는 기억의 힘이 바탕이 된 것임에 틀림 없다.

일본의 아이들은 문장을 읽는 공부를 하기 전에 적어도 2년 동안은 글자만으로 공부한다. 이것은 서구의 다른 학교에서 가르치는 것보다 어려운 것으로 오로지 기억력만을 이용하는 것이다. 이 훈련 덕분에 일본인들의 기억력은 대단히 뛰어나다. 에도시대 후기의 국어학자인 히라다 아쯔타네(平田 篤胤, 1776~1843: 국어학자, 사상가, 의사)는 일본의 신화와 전설을 담은 수많은 책을 편집했는데, 처음 세 권의 본문은 과거에 읽어서 정보를 얻은 책을 단 한 편도 참고를 하지 않고 집필을 했다고 전해진다.

파스칼(Pascal Blaise, 1623~1662: 수학자, 물리학자, 발명가, 철학자, 신학자)과 네덜란드의 철학자 그로티우스(Grotius Hugo, 1583~1645: 네덜란드의 법학자·정치가)는 한 번 읽은 것이나 생각했던 것은 결코 잊지 않았다고 전해진다. 100개 국어를 할 수 있다고 전해지는 메조판티(Mezzofanti: 19세기 이탈리아 추기경)는 한 번 익힌 단어는 절대로 잊지 않는다고 공언하기도 했다. 어느 유서 깊은 마을에서 35년 동안 교회의 공동묘지에서 진행된 모든 장례식에 관해 날짜는 물론 죽은 사람의 나이, 장례식 참석자의 이름까지 모두 기억을 하였다는 기록도 남아 있다.

안토니오 마그리아베치(Antonio Magliabechi, 1633~1713: 피렌체의 위대한 책 수집가, 이탈리아)는 책은 물론 서고에 대해 뛰어난 기억력을 가지고 있었다. 자신의 훌륭한 서고는 물론 세계의 모든 중요한 서고의 어디에 어떤 책이 있는지 알고 있었다. 토스카나의 대공大公이 한 희귀본을 어디서 찾으면 좋을지 묻자, 마그리아베치는 그 책이 한 권밖에 남아 있지 않으며 장소는 '콘스탄티노플(이스탄불)의 영주가 소유하고 있는 서고의 입구 오른쪽 세 번째 책장의 일곱 번째 칸'이라고 대답했다고 한다.

훈련을 통해 집중력과 주의력을 향상시키면 생각을 할 때나 다른 상황에서도 응용할 수 있다. 여기서 소개한 일화들에도 공통된 법칙과 이론이 존재한다. 다음 레슨에서는 그것에 대해 다뤄보기로 하겠다. 그러나 일단은 시각과 청각을 통해 이미지를 받아들이는 능력의 개발을 검토해야 할 것이다.

---- 레슨3의 정리 ----

□ 기억에 남는 것은 주의력이 크기를 결정하고 흥미가 색을 결정한다.

□ 주의력이란 '의식을 집중하는 힘'이다.

□ 인간은 오감을 통해 이미지를 받아들인다.

한 문장 명언

돈 있는 자는 자진하여 돈의 노예가 될 뿐이다. 사람의 가치는 물론 진리를 척도로 하지만, 그러나 그가 갖고 있는 진리보다는 그 진리를 찾기 위해서 맛본 고난에 의해 개선되어야 한다.

- 칼라일 -

LESSON 04
눈은 마음의 창

LESSON 04

눈은 마음의 창이다

'눈은 마음의 창' 이란 말은 정말 기가 막힌 표현이다

마음은 눈이라는 창을 통해 제일 많은 이미지를 받아들이며 그 이미지는 대단히 질이 높은 것이다. 기억력을 양성하는데 있어 다른 감각들보다 시각을 통해 받아들이는 이미지를 정확하게 기록하는 훈련이 가장 큰 영향력을 끼친다고 할 수 있다.

'정확한 이미지를 선명하게 받아들일 수 있도록 시각을 단련한다.' 는 것이 중요하다는 사실은 몇 번이고 강조해도 모자랄 것이다. 훈련을 거듭하여 시각을 단련시키면 사회적인 지위와 직업에 상관없이 모든 사람들에게 큰 도움이 될 것이다. 단련된 눈의 힘이 필요한 것은 화가나 조각가뿐만이 아니다. 공예가들은 물론 비즈니스맨, 지적인 전문 직업을 가진 사람들도 시각 훈련을 게을리 한다면 일상생활에서 많은 손해를 보게 된다.

화가는 정확한 관찰력이 없으면 피사체를 제대로 화폭에 옮길 수가 없다. 작가는 예리한 관찰력을 익히지 않는 이상 인물이나 광경을 제대로 묘사를 할 수 없다. 공예가들은 두말할 필요 없이 사물을 관찰하는 것의 중요함을 잘 알고 있다. 관찰력을 키우는 훈련이 도움이 되지 않는 직업은 이 세상에 하나도 없다.

시각을 통해 인지력을 키우면 머릿속 정보의 원천이 크게 늘어나는 동시에 인생이 대단히 즐거워진다. 여행을 예로 들어 보기로 하자. 여행을 하고 있는 대부분의 사람들은 봐야할 것과 수많은 흥미로운 대상을 인식하지 못한 채 놓치고 만다. 그리고 집으로 돌아와 가이드북에 실려 있는 설명을 읽고서야 자신이 보지 못한 것들이 잔뜩 실려 있다는 것을 깨닫고 깜짝 놀라게 된다. 책을 읽을 때도 대충 읽는 습관 때문에 최고로 멋진 부분을 놓치기 일쑤이다.

아메리카 인디언들과 그 주위에 살고 있는 사람들은 꺾인 가지나 뒤집어진 잎사귀, 발자국 등이 평소와 다르면 금방 눈치를 채지만 관찰력 훈련이 되어 있지 않는 사람은 절대로 눈치를 채지 못한다.

배움이 전혀 없는 남자를 구매 담당으로 채용해서 사람들에게 웃음거리가 된 상인이 있었다. 그러나 상인은 이렇게 말했다.

"우리 직원에게 글을 쓰게 하면 스펠링을 많이 틀리고, 주문도 엉망인 경우가 많습니다. 거의 대부분의 사람들은 읽은 책조차 기억하지 못하지만 우리 직원은 보는 눈이 예리합니다. 해마다 몇 만 달러의 상품을 구매하고 있는데 단 한 번도 실패한 적이 없었고, 상품의 결함이나 부족함을 놓치는 일이 절대 없습니다."

이 구매 담당자는 시각에 의한 인지능력이 뛰어난 사람이었고 그는 자신의 능력을 업무에서 충분히 증명해 보인 것이다.

자기 주변의 사소한 것까지 일일이 관찰하는 사람은 거의 없다. 소의 귀가 뿔 위에 있는지 밑에 있는지, 혹은 뒤에 있는지 앞에 있는지 아는 사람이 과연 얼마나 될까? 고양이가 나무에서 내려올 때에 머리가 먼저인지 꼬리가 먼저인지를 아는 사람이 얼마나 될까? 소나 말이 일어설 때 앞다리가 먼저일까, 뒷다리가 먼저일까? 아니, 소와 말이 같은 방식으로 일어나는 걸까? 손목시계의 숫자판 '4'의 글자체는? 아마도 아라비아 숫자 '4'를 떠올린 사람이 많을 것이다. 한 번 자신의 손목시계를 확인해 보라.

세세한 곳까지 소중히 여기자

어느 유명한 과학자는 학생들의 관찰력을 키워주는 달인이라 불렸다. 그의 제자들 대부분은 훗날 사회에 나가 성공을 거둘 수 있었는데, 모두가 입을 모아 선생님이 관찰력을 고도로 훈련시켜 준 덕분이라고 말했다.

어느 날 과학자는 자신이 아끼던 학생으로부터 관찰력을 키우기 위한 특별훈련을 시켜달라는 부탁을 받았다. 그는 물고기 한 마리를 넣은 유리접시를 학생에게 건네주고 "자세하게 관찰하고 나중에 물고기에 대해 깨달은 점을 보고하라!"고 말했다. 학생은 그 물고기에 대해 이전부터 알고 있었기 때문에 '어째서 이런 쓸데없는 훈련을 시키는 걸까?' 라며 의아하게 생각했다.

  학생은 아무리 물고기를 들여다봐도 전혀 흥미가 일어나지 않았다. 그렇게 몇 시간동안 불평불만을 토로하면서 재미도 없는 물고기와 마주할 수밖에 없었다. 과학자가 자리를 벗어나고 얼마 되지 않아 학생은 장난삼아 물고기를 물 밖으로 꺼내 놓고 그림을 그리기 시작했다. 처음에는 간단했지만 점점 세세한 곳을 그리기 시작하면서 상황이 완전히 달라졌다. 물고기에게는 눈꺼풀이 없다는 흥미로운 사실을 발견했고 그밖에도 지금까지 알지 못했던 것들을 발견할 수 있었다.

  과학자가 돌아와서는 학생이 발견한 것이 너무 적어 낙담을 한 것처럼 표정을 짓고 다시 몇 시간 더 관찰하도록 명령을 내리고 나가버렸다. 더 이상 빠져나갈 구멍이 없을 것 같다고 체념한 학생은 '한 자루의 연필은 최고의 눈이다.' 라는 과학자의 말을 가슴에 새기고 다시 정성을 다해 그리기 시작했다. 그러자 눈앞에 있는 물고기에 대해 점점 흥미가 생기더니 이 훈련이 너무나 재미있게 느껴졌다.

과학자는 가끔씩 들러서 학생이 뭔가 새로운 것을 발견했는지 보기는 했으나 정작 아무 말도 하지 않았다. 학생은 결국 사흘 동안이나 물고기를 관찰해야 했는데 '이렇게 봐야 할 것이 많고, 깨달아야 할 것이 많은데 지금까지는 거의 아무것도 눈에 들어오지 않았다.'며 크게 놀랐다.

시간이 흐르고 이 학생은 사회에 나가 성공을 거두었고, 이 일화를 즐겨 이야기하게 되었다. 스승과의 경험을 되돌아보며 스스로에게 '물고기를 관찰하면서 배운 것 덕분에 훗날 무엇인가를 관찰할 때마다 세세한 곳까지 중요하게 여기는 좋은습관이 생겨나 내게는 그 무엇과도 바꿀 수 없는 경험이었다.' 라고 평가하게 되었다.

이 과학자는 메뚜기 등의 곤충에 대한 강의가 대단히 인기를 끌었는데, 이야기가 너무 재미있던 탓에 청중들은 마치 연극을 보듯이 빠져들었다고 한다.

눈에 들어온 광선은 하나도 빠짐없이 뇌에 전달되고, 받아들인 이미지는 모두 어렴풋이 기록된다. 그러나 마음이 조금이라도 흥미를 품었던 것, 혹은 주의를 기울였던 것 이외에는 보관이 되지 않기 때문에 기억해 내기가 쉽지 않다.

이 모든 것들은 시각 훈련을 통해 이미지를 선명하게 받아들일 수 있으며, 마음이 '이것은 조심스럽게 보관할 가치가 있는 것이다.' 라고 판단하기 때문에 필요할 때 불러낼 수가 있다. 산더미 같은 잡동사니들 위에 던져버렸다고 해서 필요할 때 찾아낼 수 없다는 것은 있을 수 없는 일이다.

대상을 세밀하게 관찰하는 사람은 그리 많지 않다

대다수의 사람들은 막연하게 그 대상을 접하고 '이런 느낌이었다.' 라는 정도로 기억을 떠올릴 뿐이며 세밀한 기억들은 모두 놓치고 만다. 그러나 흥미를 느끼는 대상에는 강한 주의력을 집중하기 때문에 또렷하게 인상이 남아 섬세하게 기록 된다. 이것은 평균적인 남녀가 거리를 한가롭게 걷고 있는 상황을 실례를 통해 흥미를 느끼는 것이 어느 정도의 역할을 하는지 알 수 있다.

매력적인 옷을 입은 여성과 스쳐 지나가게 되면 남녀 모두 그 여성에게 눈길을 주게 된다. 남성은 '청색 계통의 옷을 입고 있다' 혹은 '드레스 소매가 손목에서부터 넓어졌고, 꽤 큰 모자를 쓰고 있다' 는 정도밖에 기억을 하지 못한다.

아니 이만큼 기억을 하고 있다면 대단하다고 할 수 있다. 대부분의 남성은 소매 따위에는 눈길도 주지 않을 것이고, 다른 이미지들 또한 어렴풋한 것에 지나지 않을 것이다.

반면에 여성은 그저 스쳐 지나갔을 뿐이라도 상대 여성의 복장에 대해 정확하게 기억한다. 허리 디자인과 액세서리, 소매의 형태, 스커트의 디자인과 소재를 아주 자세하게 기억할 것이며 이 모든 것들을 조합해서 가격도 상상하게 된다. 모자에는 깃털 장식이 달려 있고 소재는 실크와 벨벳, 그밖에도 아주 세밀하게 기억할 것이다. 그리고 자신이 본 것에 대해 자세하게 친구들에게 설명을 할 수 있고, 그 이야기를 들은 친구는 하나도 남김없이 '마음의 눈'으로 볼 수 있을 것이다.

이 실험에서 남녀의 시력은 거의 동일하다. 남녀 모두 스쳐 지나치는 여성의 복장에 대한 이미지를 받아들이지만 남녀의 관찰력에는 큰 차이가 있다. 이 차이는 대체 왜 생겨나는 걸까? 해답은 바로 여성들은 패션에 흥미가 있기 때문에 그것을 보고 주의력을 집중시키는 훈련이 되어 있기 때문이라는 단순한 이유이다. 남성은 비교적 패션에 흥

미가 없기 때문에 주의를 기울이지 않는다. 그래도 젊은 남성이라면 밝고 푸른 눈과 풍성한 금발이었다는 것 정도는 기억하지 않을까?

   대상에 대한 흥미는 훈련을 통해 끌어 올릴 수 있고, 그렇게 되면 자연스럽게 주의력도 높아진다.

훈련이 필요한 것은 '눈' 그 자체가 아니다

   이미 무슨 말을 하려는지 눈치를 챘을 것이다. 건강하다면 눈은 자신의 역할을 다 한다. 정작 학습이 필요한 것은 눈을 통해 사물을 '인지' 하는 뇌이다. 눈은 카메라이고 두 뇌는 감광판이다. 관찰 능력이 높아지길 원하면 관찰 대상의 세세한 곳까지 흥미가 생겨 주의력을 집중할 수 있게 된다. '흥미' 와 '주의력', 이 두 가지가 가장 중요한 요인이며 이 점은 꼭 기억해 주길 바란다. 이미 태만한 습관이 생겨 버린 마음이 성실하게 제 역할을 다하기 위해서는 시간과 끈기를 지닌 훈련이 필요하다.

본 것을 또렷하게 기억하기 위해서는 제일 먼저 확실하게 보는 것이다. 눈에 들어온 대상의 명확한 이미지를 마음

에 기록하고 그것을 가치 있는 것으로써 소중하게 보관할 필요가 있는 것이고 마음에 이 작업을 시킬 수 있는 유일한 방법은 관찰력을 키우는 것이다. 마음에 강한 이미지를 각인시키기 위해서는 신중하고 섬세한 관찰이 반드시 필요하다. 관찰력을 키우기만 한다면 그로 인해 허비한 모든 시간과 노고가 충분한 보상을 받을 수 있다. 훈련 또한 전혀 단조롭고 따분하지 않다. 어느 정도의 훈련을 반복하다보면 몰라보게 빠른 속도로 발전을 이룰 수 있어 마치 즐거운 실험을 하고 있는 것처럼 느껴지며, 이것이 훈련이라는 것을 완전히 잊게 될 정도가 된다.

관찰력을 키우기 위한 훈련

지금부터 소개하는 것은 또렷하고 조심스럽게 대상을 '보는능력'을 키우기 위한 목적으로 하는 훈련이다. 이 훈련을 통해 기억력을 키우는 것은 물론이며 예리한 관찰력을 몸에 익혀 자타가 공인하는 가치 있는 인물로 거듭날 수 있다.

● 훈련1 → 정확하게 보기

 관찰력을 키우기 위해 제일 간단하면서도 효과가 뛰어난 훈련은 주변의 사물을 정확하게 보는 것이다. '이렇게 쉬운 걸…' 이라고 생각하기 쉽지만 실제로 몇 번 해 보면 이 훈련의 가치를 충분히 인정하게 된다.

 주변에 있는 사물 중에 몇 개를 본인 앞에 가져다 놓는다 (밝은 색이 기억하기 쉬우므로 무엇이든 밝은 색이 좋다). 책도 좋고, 과일이든 문구류든 상관이 없다. 한동안 조용히 마음을 집중하고 신중하게 대상을 응시하여 마음에 이미지를 각인시키려고 노력하자.

 다음으로 눈을 감고 그 대상에 대해 최대한 많은 이미지를 떠올린다. 전체의 형상과 자세한 곳까지 기억을 떠올리도록 노력한다. 떠오른 이미지들을 마음 속에 빠짐없이 기록해 둔다. 눈을 뜨고 다시 한 번 대상을 응시하고 마음속으로 그렸던 것들 중에 빠진 부분이 얼마나 되는지 확인한다. 빠뜨린 부분을 머리 속에 염두해두고 다시 눈을 감고 이미지를 떠올리는 노력을 한다. 아무리 사소한 부분이라 할지라도 완벽하게 마음 속에서 이미지를 재현할 수 있을 때까지 이 작업을 반복하라. 조금만 연습을 하더라도 금방 익숙해져 즐겁게 훈련을 할 수 있다.

단, 이것이 '가치 있는 훈련'인 이유는 기억하는 기술을 몸에 익혔기 때문이 아니라 훨씬 더 큰 것을 향한 준비과정이기 때문이다.

● 훈련2 → 그려보기

훈련1을 익혔으면 훈련에 이용했던 것 중에 하나를 고른다. 고른 대상의 이미지를 마음 속에 각인시키고 기억에 따라 전체적 윤곽과 세세한 부분까지 종이에 그린다. 그림 실력은 상관이 없다. 이것은 화가가 되기 위한 훈련이 아니라 관찰력과 관찰한 대상을 기억해 내는 능력을 키우기 위한 훈련이다.

훈련이 질리지 않도록 처음에는 쉬운 것부터 시작하는 것이 좋다. 그림의 성공 여부는 얼마나 잘 그렸는가가 아니라 종이 위에 얼마나 많이 세세한 부분까지 묘사되었는가에 달려 있다. 훈련1과 2 모두 관찰력과 기억력 향상을 키우는데 대단히 효과적이다. 꾸준히 훈련을 반복하게 되면 대상을 한 번 보기만 하더라도 중요한 포인트는 물론 세세한 곳까지 전부 기억하고 빠르게 그림을 그려낼 수 있게 된다.

앞서 말했던 것처럼 당신이 그린 그림은 대상을 그대로 옮기기 위한 것이 아니라, 당신의 마음속 그림을 옮겨 담는 것이다. 마음 속 그림의 세세한 곳까지 전부 떠올린 다음 그 대상을 확인 한 뒤 빠진 것이 무엇인지 확인한다. 그리고 **훈련1**에서와 마찬가지로 이 훈련을 반복해 주길 바란다. **훈련1**과 2는 대상을 반복적으로 바꾸어 훈련하다보면 그 능력이 향상됨과 동시에 적절한 기분전환이 되기도 한다.

●훈련3 → 세세한 곳까지 주의하자

피사체의 전체상이 아니라 세세한 곳에 주의를 기울인다. '지성적인 관찰일수록 어려운 기술이 없다.'고 한다. 처음부터 갑자기 어렵고 복잡한 피사체를 한눈에 받아들이려고 하지 마라. 그것은 좀 더 훈련을 거듭한 뒤에 해야 한다. 먼저 피사체의 세세한 부분을 받아들이고 그것을 머리 속에 기억한 뒤 다음 부분으로 이동하는 방법으로 진행해 나간다.

사람의 얼굴을 예로 들어 보자. 만난 적이 있는 사람의 이름이 떠오르지 않는 것처럼 답답한 것이 없으며, 정확한 관찰력이 부족한 탓에 힘들게 얻은 기회를 놓치는 사람도 아주 많다. 문제는 사람의 얼굴을 기억하려고 노력할 때 대부분의 사람들은 세세한 곳에는 신경을 쓰지 않고 얼굴 전체의 윤곽을 바라보는데 그친다. 일단은 아는 사람의 얼굴, 다음으로 모르는 사람의 얼굴로 연습한다면 얼굴 윤곽의 세세한 부분을 기억해 내는 기술이 아주 짧은 시간 내에 놀랄 만큼 향상된다.

눈, 코, 입, 턱, 머리카락 색깔, 머리 형태 등 신중하게 관찰을 하면 '스미스 씨의 눈', '브라운 씨의 코', '톰슨 씨의 턱'과 같은 식으로 기억이 떠오르게 된다.

이 훈련에 들어가기 전에 친한 친구 몇 명을 선택해서 얼굴 윤곽을 설명해 보자. 의외로 잘 기억이 나지 않을 것이다. 아마도 그들의 얼굴을 찬찬히 바라본 적이 없기 때문일 것이며 상대가 친구인데도 이러하니 모르는 사람의 얼굴은 두 말할 필요가 없을 것이다. 이제부터는 만나는 사람 모두에게 주의를 기울여서 용모를 관찰하고 나중에 간단한 기록을 남기도록 노력하자. 이 훈련은 생각보다 재미있기 때문에 순식간에 능력이 향상되는 것을 실감할 수 있다.

　이 훈련 중에는 건물 외관의 세세한 부분을 관찰하는 방법도 있다. 먼저 매일 보고 지나치는 건물 중 하나를 선택해서 그 외관을 설명해 보자. 그 건물 전체의 느낌, 색, 형태 등은 꽤 자세하게 설명할 수 있을 것이다. 그렇다면 각 층에 있는 창의 수, 문의 크기와 위치, 지붕과 장식물, 지붕의 경사가 어떠한지 생각해 본적이 없으므로 당신은 그저 스쳐 지나친 것에 불과했다.

　이제부터는 거리를 걸을 때도 건물에 주의를 기울여 보자. 그리고 한동안 시간이 지난 뒤에 그 날 본 건물의 세세한 부분을 마음속으로 그려보고 얼마나 정확하게 기억을 해냈는지 확인하자. 다음 날 같은 건물을 다시 한 번 보고 전날 지나쳤던 세세한 부분을 찾아내(아마도 놀랄 정도로 많이 발견될 것이다) 그 건물을 완전히 파악할 때까지 반복하자. 관찰력을 훈련하는 데는 최고의 대상이 될 것이다.

● 훈련4 → 설명하기

다음으로 소개하는 것은 재미있는 훈련 게임이다. 준비물로는 책상 위에 어떤 작은 물건들을 적어도 일곱 개 정도 올려놓고 천으로 가린다. 천을 벗기고 열까지 천천히 센 다음에 다시 천을 덮고 본 것에 대한 설명을 가능한 한 자세하게 종이에 적는다.

한 명씩 테이블에 다가가 관찰을 한 다음 다른 방으로 옮겨 본 것을 자세하게 적는다. 이렇게 모여 있는 사람들이 반복적으로 훈련을 한다. 테이블 위에 놓는 대상의 숫자는 상황에 따라 50개까지 늘려도 좋다.

이런 게임으로 훈련을 쌓은 사람은 기억력뿐만이 아니라 관찰력의 훈련까지 되기 때문에 일상생활 속에서 다른 사람들이 깨닫지 못한 많은 것들을 쉽게 파악할 수 있게 되어 업무에서도 높은 평가를 받을 수 있게 된다.

레슨3에서 말했던 것처럼 프랑스의 마술사 우댕이 실천했던 훈련도 바로 이 훈련과 비슷한 방식이다. 가게 앞을 빠른 걸음으로 지나친 다음 나중에 유리창 너머의 물건들을 기억해 내는 그 방법을 병행하면서 훈련에 변화를 주는 것도 좋다. 기분전환이 되는 것은 물론이며 수많은 피사체와 소음을 오감으로 접해야 하는 상황에서의 훈련이기 때문에 관찰력과 집중력을 훈련하는 데 매우 적합하다. 훈련의 효과가 늘어나면 이 방식의 훈련을 스스로 찾게 되고, 요령이 몸에 배이면 점점 그 재미에 빠져들게 될 것이다.

●훈련5 → 한눈에 파악하기

책을 읽을 때 '이 단락에는 무슨 내용이 적혀 있는지'를 한눈에 파악하는 사람이 많다. 바쁜 사람은 신문을 읽을 때 이 능력을 활용하고, 저널리스트는 페이지를 한번 훑어보기만 해도 전체적인 요지를 파악한다. 서평을 쓰는 사람도 이 능력을 갖추고 있다(실제로 신문 서평을 보면 '과연 이 사람이 책을 다 읽었을까?' 하는 생각이 들게 하는 서평도 있다). 나는 편집자로서 매일매일 막대한 양의 원고를 봐야 한다. 처음에는 시간이 많이 소요되었지만 지금은 빠른 속도로 원고를 넘기면서 각 페이지의 요지를 한눈에 파악할 수 있다. 덕분에 업무의 진행이 빨라졌고 한눈에 '재미있는 기사를 찾아내는' 요령을 익힐 수 있게 되었다.

먼저 단시간 내에 몇 개의 단어를 읽는 것에 도전해 보자. 그 다음에는 한 문장, 그리고 복수의 문장, 관련성이 있는 복수의 문장, 한 단락의 순서로 진행한다. 육체를 단련시키기 위한 운동을 할 때도 일단은 하나의 근육부터 시작해서 복수의 근육으로 운동을 하듯이 각각의 단계를 거치는 것이다. 지적능력을 훈련할 때에도 이 방법을 반드시 지켜야 한다.

●훈련6 → 방을 이용하자

방과 그 안에 있는 사물들을 머리 속에 기록하는 매우 유익한 훈련이다. 여성들 중에서는 이 방법을 배우지 않고도 가능한 사람이 상당히 많다. 남성들은 이 방면에서 관찰력이 떨어지는 경우가 많기 때문에 훈련이 필요하다. 당신이 남성이고 누구가 여성과 함께 기억력 훈련에 도전하고 있다면, 이 훈련뿐만아니라 다른 훈련의 대부분에서도 많은 도움을 받을 수 있을 것이다. 여성은 자신이 흥미가 있는 것이라면 뭐든지 눈을 통해 기억하며, 심지어 한 번 본것은 절대 잊지 않는 것 같다.

방 하나를 선택하고 들어가자마자 방 전체의 모습과 방에 있는 모든 것을 재빨리 확인한다. 가능한 한 많은 것을 머리 속의 카메라에 담아라. 방의 크기, 천정의 높이, 벽지의 색깔, 창문의 수, 의자, 테이블, 카펫, 그림 등을 꼼꼼히 살핀다.

이제 방을 나와서 자신이 본 것들을 적어본다. 그리고 실제로 방에 있던 것과 모습을 비교해 본다. 이 훈련이 익숙해졌다는 자신감이 들 때까지 반복한다. 훈련이 거듭되면 어떤 장소를 가더라도 나중에 정확하게 설명을 할 수 있게 된다. 훈련을 통해 성장된 관찰력 덕분에 자신이 본 것들의 이미지가 자동적으로 기록되기 때문에 별다른 노력이 없더라도 자연스럽게 가능해질 것이다.

● 훈련7 → 하루를 되돌아보자

밤이 되면 그날 있었던 일들을 되돌아보며 본 것, 만난 사람, 마주친 사람들을 떠올리며 묘사해 보자. 처음에는 잘 떠오르지 않겠지만 훈련을 반복할수록 많은 것들을 떠올릴 수 있게 된다. 이것은 단순한 기억력의 문제가 아니라 관찰하는 능력에 달려 있다. 피사체를 집중하여 응시하고 적당한 장소에 보관해야할 필요성을 잠재의식이 확실하게 이해하도록 만들자.

---- 레슨4의 정리 ----

☐ 학습이 필요한 것은 눈을 통해 사물을 '보는 뇌'이다. 눈은 카메라이고 두뇌는 감광판이다.

☐ 관찰력은 훈련을 할수록 높아진다.

☐ 관찰력 훈련의 성패는 '흥미'와 '주의력'이 중요한 요인이다.

☐ 주의 깊게 사물을 '보기 위한 훈련' 1~7을 실천할 것.

LESSON 05
귀는 눈보다 뛰어나다

귀는 눈보다 뛰어나다

받아들인 이미지를 유지하는 능력에는 개인마다 큰 차이가 있다

눈으로 본 것은 뭐든 어렵지 않게 기억해 내는 사람이 있는가 하면, 귀로 받아들인 이미지를 훨씬 쉽게 기억해 내는 사람도 있다. 안면이 있는 사람을 보자마자 누군지 바로 기억해 내는 사람이 있는 반면에, 얼굴을 보고는 상대가 누군지 몰랐다가 목소리를 듣는 순간 기억을 하는 사람도 있다. 오랫동안 만나지도 이야기를 나누지도 않았던 친구에게 걸려온 전화도 목소리를 듣는 순간 상대가 누군지 바로 아는 경우도 있다.

신문에서 읽은 이야기 중에는 어떤 형사가 사건의 범인을 앞에 두고도 교묘한 변장 때문에 알아차리지 못했지만 범인이 입을 연 순간 정체를 파악하고 체포를 했다고 한다.

  어렸을 때 이후로 만난 적이 없던 동창생을 목소리만으로 알아차렸다는 사람도 꽤 많다. 물론 어릴 적 높고 날카로운 목소리를 어른의 차분한 목소리로 바꾸는 작업은 필요하겠지만.

  일반적으로 눈을 통해 들어온 이미지가 훨씬 빨리 전달되나 귀에서 뇌로 전달된 것이 훨씬 기억에 남기 쉬운 것 같다. 실제로 대부분의 사람들은 읽었던 것보다는 들었던 것을 훨씬 더 잘 기억한다. 그러나 작가들 중에는 '강연 등에서 들은 이야기를 떠올릴 때 청각과 함께 강연자의 용모와 행동과 표정을 떠올리는 식으로 시각의 도움을 받는다.'고 생각하는 사람이 있는데 그 또한 분명 납득할만한 부분이 있다.

  강연 등을 통해 직접 듣는 것과 나중에 인쇄물을 통해 읽는 것을 비교한다면 당연히 직접 듣는 것이 강한 인상을 남긴다. 가장 이상적인 것은 먼저 귀로 듣고 글로 읽어 청각과 시각의 양 방향을 통해 정보를 얻는 것이 도움이 더 된다는 사실이다.

청각을 놀랄만한 능력까지 훈련시킨 대표적인 사람들은 당연히 음악가이다. 음악가의 귀는 아무리 작은 불협화음이라 할지라도, 악보에서 약간 벗어난 바이올린의 음조차도 잡아낼 수 있다. 그러나 이런 능력이 훈련된 사람은 음악가 이외에도 많이 있다.

예를 들자면 수리공은 기계를 망치로 두들기며 정상일 때와 조금이라도 다른 소리가 나면 절대로 놓치지 않는다. 열차가 고속으로 달리고 있을 때 차륜과 선로에 무언가 이상이 생겨 평소와 다른 소리가 난다면 철도원은 그 작은 소리의 미묘한 차이를 잡아낼 수 있다. 엔지니어는 엔진의 미묘한 울림의 차이를 잡아내서 어디에 이상이 있는지를 판단하고 바로 전원을 차단한다. 베테랑 도선사는 배의 기적소리만 듣고도 어떤 배인지 금방 알 수 있고, 도시에 울려 퍼지는 교회 종소리들 중에 자신이 다니는 교회 종소리를 분간할 수 있는 사람도 있다. 전신기사는 전화교환수의 온갖 버릇을 분별하여 거의 들리지 않을 정도의 작은 기계음

만으로도 신입 교환수라는 것을 알아차린다고 한다.

귀가 중요하던 시대가 있었다

　먼 옛날 아직 활자가 보급되지 않았던 시대에는 모든 경험과 지식이 부모로부터 자식에게, 또는 선생으로부터 학생에게 입에서 입으로 전달하는 형태로 다음 세대로 계승되어 갔다. 아마도 듣는 입장에서는 최대한의 주의력과 집중력을 기울여야 했을 것이다. 배운 내용은 틀림없이 완벽

하게 머리 속에 보관하였다가 자신의 자식이나 학생들에게 가르쳐 주어야 했다. 이처럼 귀로 배운 사람들은 단어 하나까지 생략하거나 바꾸지 않고 끝이 나지 않을 것 같은 긴 가르침을 암송할 수 있었다고 한다.

고대 그리스 시들의 대부분은 이런 식으로 해서 몇 세대를 이어올 수 있었으며 고대 스칸디나비아의 역사 이야기도 마찬가지이다. 페르시아와 인도의 철학들도 이런 방식으로 후대에 전해져왔다. 동양에서는 모든 가르침을 돌이나 종이에 의지하지 않고 신성한 가르침을 학생들의 두뇌에 또렷하게 각인시켜 살아있는 진리로 영원히 남아야 한다고 생각했다.

2천년이 훨씬 넘은 중국의 황제에 관한 이런 이야기가 있다. 선조는 물론 과거의 위대한 역사에 질투를 느낀 황제는 후손들이 역사를 되돌아 봤을 때 모든 기록이 자신으로부터 시작되도록 과거의 역사적, 종교적, 철학적인 기록을 전부 불태워버리도록 지시를 내렸다고 한다. 종이와 돌에 기록된 것들은 하나도 남김없이 소각을 시켰는데 그 중에는 공자의 책도 있었다. 이렇게 과거의 역사는 사라지고 전통이라는 형태만 남아 있었지만 공자의 가르침은 전혀 사라지지 않은 채로 지금까지 이어져 왔다.

그것은 한 늙은 현자의 기억력 덕분이었다. 이 현자는 젊었을 때 배운 공자의 가르침을 머리 속에 보관하여 감추고 있었다. 그리고 과거를 증오했던 황제가 죽자 그 기억을 바탕으로 위대한 공자의 가르침을 복원시켰다. 실제로 공자의 책 중에 겨우 소각을 면하고 상당히 오랜 세월이 지난 뒤에 발견이 되었는데, 그 노인이 복원한 것과 비교를 해보니 단 한 글자도 틀리지 않았다고 한다. 현대의 중국인들은 이것을 교훈 삼아 작가들은 '공자의 책들이 오늘 당장 불타 없어진다고 할지라도 내일이면 족히 백 명이 넘는 중국인이 완벽하게 암송할 수 있을 것이다. 성경을 암송하는 것과 마찬가지로 대단히 힘든 작업이기는 하지만…'이라고 말하고 있다.

인도에도 이와 마찬가지 관습이 남아 있다. 2천 년 전의 문자가 남아 있는 한편으로 아직 문자가 사용되기 이전의 시대부터 그 맥을 계승해 온 위대한 철학이 철학자들의 머리 속에 보관되어 있는 것이다. 산스크리트는 이미 사라진

언어지만 산스크리트어로 적힌 종교나 철학의 가르침을 전달하는 형태로 후세에 계승되고 있다. 게다가 읽고 쓰는 것뿐만이 아니라 억양이나 발음까지도 그대로 계승되고 있다. 현대 힌두교 철학의 대부분은 약 백만 단어로 이루어진 '베다(Veda,: 고대 인도의 종교 지식과 제례규정을 담고 있는 문헌으로 브라만교의 성전을 총칭하는 말. 구전되어 오던 내용을 기원전 2세기와 기원전 1세기 사이 산스크리트어로 편찬한 것으로 추정됨)'를 암송할 수 있다고 한다. '베다'의 내용을 전부 외우기 위해서는 매일 몇 줄씩 외우면서 연습과 복습을 끝없이 반복하며 몇 년의 시간이 걸려야 한다. 또한 그 가르침은 완전히 구전의 형태로 계승되며 글로 적힌 책자를 보는 것은 금지되어 있다.

유대교의 신비주의 사상 '카발라(Kabbalah)'도 이런 식으로 계승되있고, 드루이드(Druide: 고내 켈트인의 신앙을 남낭한 성직자, 사제계급)교의 가르침 역시 구전으로 계승되어왔다고 여겨지고 있다. 고대 그리스인과 로마인들은 이렇게 기억력이 뛰어났기 때문에 시민들은 중요한 연설을 단어 하나 틀리지 않고 암송할 수 있다고 한다.

영국의 산스크리트어 학자인 막스 뮐러(Friedrich Max Miller, 1823~1900: 독일 출생으로 영국에 귀화한 인도학자)의 말에 따르면, 기원전 400년경의 인도 산스크리트어 문법학자인 파니니의 '산스크리트어 문법'은 책으로 만들어지기 전에는 350년에 걸쳐 구전으로 계승되었다고 한다. 이것은 성서와 비슷한 막대한 분량을 외우고 있다는 것이 된다. 힌두교 승려들 중에는 20만 줄이 넘는 고대 인도의 대서사시 '마하바라타'를 정확하게 암송할 수 있는 사람도 있다.

슬로베니아의 음유시인들은 장대한 길이의 서사시를 암기하고 있다. 캐나다 원주민인 알곤킨(Algonquian: 캐나다·미국 동부에 사는 북미 원주민)족은 기억력이 대단히 뛰어나 부족에서 대대로 전해 내려오는 장대한 분량의 역사이야기와 신비한 전설을 정확하게 암송할 수 있다. 아이슬란드의 고대 율법은 수기나 인쇄물이 아니라 판사와 법률가의 머리 속에 각인되어 있다. 아이슬란드의 역사 이야기에는 법률가들이 법률뿐만이 아니라 법률과 관련된 장대한 양의 판례를 모두 다 기억하고 있다는 내용이 적혀 있다.

물론 이런 엄청난 기억술이 현대에는 필요 없지만 반드

시 필요할 때는 현대인도 고대의 암기술을 흉내 낼 수 있다는 것은 의심할 여지가 없다.

　음독을 하면 읽고 있는 내용을 외우기 쉬운 것은 물론이며 말의 의미가 머리 속에 확실하게 각인된다. 음독을 함으로써 묵독에서는 얻을 수 없는 분석능력이 생겨나기 때문이다. 눈은 책을 읽어 내려가면서 따분한 부분은 뛰어넘어 버리고, 위험한 부분은 슬쩍 비껴지나갈 것이다. 그러나 귀에는 모든 것이 다 들어간다. 귀는 생략을 할 줄 모른다. 귀는 눈이 따라잡을 수 없는 섬세하고 예민한 통찰력의 도구이다. 눈으로 보면서도 깨닫지 못하고 스쳐지나간 단어도 소리를 내어 읽으면 커다란 의미를 띠게 된다.

─ 레슨5의 정리 ─

□ 먼 옛날 지식과 경험은 입에서 입으로 전달되며 계승되어 왔다.
□ 눈보다 귀를 통해 뇌로 들어온 것이 훨씬 기억에 오래 남는다.
□ 음독을 하면 분석능력이 생겨나 말의 의미가 머리 속에 각인된다.

LESSON 06
청각을 향상시키는 훈련

청각을 향상시키는 훈련

LESSON 06

청각을 향상시켜라

　청각을 향상시키는 훈련은 시각을 향상시키는 훈련과 비교하면 훨씬 어렵다. 청각은 시각과 같은 방법의 훈련을 한다면 큰 도움이 되지 않는다. 기억력의 훈련이 아니라 그저 흉내나 복화술을 가르치는데 지나지 않다는 비난을 받기 쉽다.

　복화술이란 약간 떨어진 곳에서 들리듯이 목소리를 재현하는 것이기 때문에 듣는 사람을 완전히 속이는 것이다. 그러나 복화술사의 뛰어난 능력은 들은 소리를 똑같이 재현하는 것이 아니다. 아주 작은 소리라도 정확하게 분석할 수 있게 된 덕분에 소리를 재현할 수 있는 위치까지 청각을 향상시킨 것이다.

　대부분의 아이들에게는 이런 재능이 이미 갖춰져 있으며 귀로 듣는 소리의 이미지를 정확하게 받아들이고 기록할 수 있기 때문에 자신이 들은 소리를 재현하는 능력도 상당이 높다.

　청각의 발달은 개인마다 큰 차이가 있다. 소리 전체에 대해서 혹은 업무를 할 때 접하는 소리에는 민감하지만 음악에 대해서는 평균적이거나 그 이하인 사람도 있다. 반면에 음악가는 주변의 소리에 둔감하다는 것은 이미 잘 알려진 사실이다.

　레슨3에서 '마음이 이미지를 선명하게 기록하고 나중에 불러내기 쉽도록 하기 위해서는 주의력과 흥미가 필요하다.'라고 했다. 이것은 청각을 통해 받아들이는 이미지일수록 더욱 그렇다. 예리한 청각을 키우기 위한 최선의 방법 또한 주의력과 흥미를 키우는 것이라고 생각한다.

　이렇게 생각해 보면 이해하기 쉬울 것이다. 무언가에 몰두해 있을 때는 주변의 소리를 전혀 느끼지 못하는 경우가 있다. 소리가 끊임없이 귀를 통해 들어오고는 있지만 머릿속에서는 다른 생각으로 가득 차 있기 때문에 귀로 들어온 이미지를 인식하지 못하는 것이다. 그러나 대부분의 경우 누군가가 한 말이 그 자리에서는 흘려듣더라도 나중에는 기억을 떠올릴 수는 있다. 이것이 다른 레슨에서 말했던 잠재의식의 작용이다.

현대인들이 청각의 훈련에 별 관심이 없는 것은 대단히 유감스러운 현실이다. 본래 타고난 청각의 능력을 훈련을

통해 끌어낸다면 일상생활을 보다 원활하게 하는데 도움이 되는 것은 물론이고 커다란 즐거움과 기쁨을 선물할 것이다. 어쩌면 다른 감각보다 청각의 훈련이 훨씬 쉬울 수도 있다. 훈련과 노력을 통해 능력의 향상이 가능하지만 태만과 부주의로 인해 능력이 떨어지는 것이 청각이다.

아메리카 인디언들은 청각이 매우 발달했다. 어쩌면 그렇게 되도록 훈련을 하고 있었다고 해야 하는 것이 맞을 지도 모른다.

예를 들어 지면에 귀를 대고 다가오는 적들의 발자국 소리를 들을 수 있고 나뭇잎 한 장이 내는 아주 작은 소리, 나뭇가지 하나가 꺾어지는 소리도 그들의 귀에는 또렷하게 들렸을 것이다.

오케스트라의 지휘자는 아무리 작은 불협화음이나 연주 속도의 차이를 놓치지 않고 누가 틀렸는지 정확하게 지적할 수 있다.

눈이 보이지 않는 사람은 시각이외의 감각에 의존해야 하기 때문에 다른 감각들이 고도로 발달되어 있다. 당연히 청각도 고도로 발달 되어 있는데 이것은 '소리에 대한 주의력과 흥미가 예리하기 때문'이라고 할 수 있을 것이다. 무생물의 옆을 지날 때는 자신의 발자국 소리의 울림을 통해 알 수 있으며, 가로등인지 아니면 가만히 서 있는 사람인지를 아는 것도 이와 마찬가지 방법으로 인식할 수 있다.

이제 청각을 향상시키기 위한 몇 가지 훈련방법을 소개하겠다. 일상생활 속에서 청각을 향상시킬 기회는 아주 많다. 그런 기회를 살리기 위한 제안으로써 반드시 이 훈련을 활용해 주시기 바란다.

매일 실행해야할 훈련

●훈련1 → 대화를 듣자

거리를 걷다보면 곁을 지나치는 사람들의 이야기가 귀에 들린다. 그런 이야기들을 조금씩 의식적으로 받아들이고 잠시 머리 속에 기억하려는 노력을 하자. 한동안 걸으면서 단편적인 이야기에 불과하고 전혀 연관성이 없는 문장들이 놀랄 만큼 많이 들리고, 게다가 기억까지 하고 있다는 사실에 놀라게 될 것이다. 이 모든 것은 주의력과 흥미의 문제이다. 두 말할 필요가 없겠지만 인간성에 대해 연구하고 있지 않는 한 들려오는 이야기의 내용들은 큰 의미가 없기 때문에 이 훈련의 가치는 '듣고 기억하기' 훈련일 뿐이라는 것을 알아야 한다.

● 훈련2 → 목소리를 떠올리자

만나는 사람들의 목소리 특징을 구분하여 다음에 목소리를 들었을 때 바로 떠올릴 수 있도록 노력하자. 개개인의 목소리는 모두 다르기 때문에 각각의 특징을 연구하는 것은 꽤 재미가 있다. 한 단어를 어떻게 발음하고 어떤 지방의 억양을 쓰는 특징이 있는지는 모든 사람마다 다르다는 것을 느끼게 될 것이다. 나라가 다르거나, 혹은 지역이 다르기만 해도 이야기할 때의 억양과 버릇이 다르다는 것을 알게 된다.

업무 때문에 전국방방곡곡을 다니는 사람들은 이야기를 듣기만 해도 그 사람이 어느 지방 출신인지를 거의 틀림없이 알 수 있다. 또한 사람의 성격이 목소리에서 드러난다고 하니 인간성에 대한 연구를 하는 경우에도 목소리에 주의를 기울인다면 그 사람의 성격도 알 수 있을 것이다. 아주 짧은 시간의 주의력을 목소리에 기울인다면 예상하지 못했던 순간에 도움이 될 것이다.

●훈련3 → 목소리 맞추기

이야기를 하는 사람이 보이지 않는 장소에 서서 누구의 목소리인지 순서대로 맞춰가는 재미있는 훈련이다. 커튼이나 칸막이 뒤에 몇 사람을 앉히고 누군지 모르게 목소리를 변조해 짧게 한마디씩 말한다. 칸막이 앞에 있는 사람들은 그 목소리를 듣고 목소리의 주인공을 맞추는 게임으로 꽤 재미있는 결과를 얻을 수 있을 것이다. 친구나 친척의 목소리를 알아차리지 못하는 사람이 많은데, 목소리에 주의력을 집중한 사람은 목소리의 주인공을 100% 맞출 수 있다.

●훈련4 → 발자국소리 듣기

한 젊은 여성이 큰 빌딩의 사무실에서 근무하고 있었다. 같은 층에는 긴 복도를 따라 많은 사무실들이 있는데, 그녀는 발자국 소리를 듣기만 해도 어느 사무실의 누구인지를 알 수 있었다. 발자국소리마다 개개인의 특징이 있기 때문에 발이 바닥에 닿는 순간의 소리에 성격이 드러난다고까지 단언했다. 청각을 향상시킴과 동시에 인간의 성격을 연구하고 싶은 사람에게 권해드리는 훈련이다.

● 훈련5 → 들었던 이야기를 떠올리기

오늘 하루 동안 사람들에게 들었던 이야기를 정확하게 기억하도록 노력해 보자. 재미는 물론 많은 도움이 되는 훈련이다. 조금 전에 들었던 이야기조차 이야기할 수 있는 사람이 많지 않다. 그 원인의 대부분은 주의력이 부족하기 때문이다. 일반적으로 종업원들이 남의 이야기를 듣는 주의력과 기억력이 얼마나 미덥지 못한 것인가를 모든 경영자들이 잘 알고 있다. 따라서 이 분야의 주의력과 기억력을 높이면 업무에 큰 도움이 될 것이다.

● 훈련6 → 멜로디를 재현하기

단순한 곡과 외우기 쉬운 멜로디를 듣고 그것을 허밍이나 휘파람으로 재현하는 훈련이다. 간단해 보이지만 청력 훈련에 뛰어난 방법임과 동시에 음에 대한 주의력을 향상시키는 효과도 있다. 이 훈련을 실천하면 멜로디에 대한 흥미가 생겨 이전보다 훨씬 음악을 즐길 수 있다.

● 훈련7 → 강연을 재현하기

가능한 많이 강연이나 연설을 들으러 가보자. 주의력을 최대로 기울여 이야기를 듣고 나중에 연설 내용을 얼마나 기억하고 있는지 종이에 적는다. 이야기의 내용을 반복해서 분석하고 되도록 많은 단어를 재현해 보자. 이 훈련의 가치는 청각과 기억력의 훈련뿐만이 아니라 연설의 달인이 되는 수단으로도 뛰어난 방법이다. 존경하는 교수님의 강의를 오래 들은 학생은 그 교수의 대화술을 배우게 되고, 훌륭한 연설을 많이 들으면 듣는 사람의 머릿속에는 지금까지 자신의 능력을 훨씬 능가하는 표현력이 자라게 된다.

문장이나 표현방법을 그대로 재현하고 싶다는 마음을 가지고 연설을 듣는다면 훨씬 빠른 발전이 있을 것이다. 대화술이 뛰어난 사람의 연설을 기억하고 내용은 물론이고 가능한 목소리와 표정까지 정확하게 재현하는 훈련을 반복하다보면 앞으로 인생에 많은 도움이 될 대화술과 표현력이 자신도 모르는 사이에 싹트고 있다는 것을 실감하게 될 것이다.

● 훈련8 → 힌두교식 방법

들은 것을 기억하고 나중에 기억을 떠올리는 훈련법으로 최고의 것은 신성한 가르침이나 철학을 계승하기 위해 힌두교에서 활용하고 있는 방법이 있다. 레슨5에서도 간단히 설명한바 있는 방법으로 그들의 놀라운 방법은 '작게 시작해서 서서히 늘리고, 수도 없이 반복한다.' 는 것이 기본이 된다.

이 방법에 대해서는 책의 내용 등을 기억하는 방법과 관련해서 다른 장에서 좀 더 자세하게 다루기 때문에 여기서는 대략적으로만 설명하기로 하겠다.

힌두교의 전수는 교사가 학생에게 '베다' 의 한 줄을 반복하는 것부터 시작한다. 학생은 그 한 줄을 완벽하게 암기하고 말과 의미를 모두 머리 속에 각인시키고, 각각의 단어가 눈앞에 영상처럼 비춰질 정도까지 이해하고 있는 상태로 만든다. 그 한 줄을 앞에서부터는 물론이고 뒤에서부터도 암송할 수 있게 되며, 어느 단어가 어떤 위치에 있는지도 알게 된다.

다음 날 두 줄 째를 배우게 되는데, 첫날 배웠던 줄을 복습한 뒤에 오늘 막 외운 줄을 이어서 머리 속에 각인시킨다. 다음 날에는 세 번째 줄을 외우고 처음 두 줄을 복습한 뒤 세 번째 줄을 암기한다. 이런 식으로 매일 한 줄씩 늘려 가면서 계속 반복하고 새로 외운 줄과 전날 외운 줄을 이어가는 형태로 진행한다.

중요한 것은 두 말할 필요도 없이 '복습'이다. 덕분에 학생들은 전날 외운 줄을 몇 번이고 반복하게 되고 그때마다 점점 강한 인상을 남기게 된다. 또한 지속적인 반복으로 줄과 줄의 연결이 부드러워지면서 각각의 줄이 전후의 줄과 완벽하게 이어지는 효과도 있다. 따라서 한 번에 외운 것처럼 느껴지기 때문에 각각의 줄에 대한 연상이 하나로 정리된다. 시간이 지나면 하루 두 줄, 다음 날에는 세 줄과 같은 식으로 점점 늘려 가다보면 믿기 어려울 정도의 기억력이 몸에 배이게 된다. 그러나 힌두교 교사들은 머리를 서서히 이 작업에 익숙하도록 해야 한다고 여기기 때문에 하루에 많은 줄을 기억하려고 하는 것은 경계하고 있다.

  이런 종류의 능력을 키우고 싶은 사람은 친구의 도움을 받으며 작업을 진행하면 좋다. 첫날에는 친구에게 한 줄을 읽어 달라고 하고, 그것이 머리 속에 완전히 각인될 때까지 반복한다. 다음날에는 첫 줄을 복습함과 동시에 두 번째 줄을 외운 다음 두 줄을 함께 복습한다. 이런 식으로 한 달 가량은 하루에 한 줄을 유지하다가 점점 외우는 줄을 늘려가야 한다.

  처음으로 시작하는데 가장 적당한 소재는 시詩이다. 문체가 매력적이고 리듬감이 있는 흥미로운 테마의 시를 선택하도록 하자.

  첫날은 친구에게 한 줄을 읽어달라고 하고 스스로 반복해 주길 바라며 이때 줄을 암송할 수 없다면 몇 분 뒤에 다시 한번 읽어달라고 부탁한다. 완벽하게 머리 속에 각인될 때까지 계속해서 반복해 주고 그렇게 몇 번이고 반복해서 완벽하게 암기를 했다고 여겨지면 이제는 뒤에서부터 암기해 본다. 단어 하나하나가 머리 속에 영상처럼 떠오를 정도로 완벽하게 외우고, 그 요령만 터득하게 되면 그리 어렵지 않을 것이다.

이틀째에는 먼저 전날 외웠던 줄을 암송하고 첫날과 마찬가지 방법으로 두 번째 줄을 외운 뒤에 두 줄을 이어서 외운다. 이런 식으로 매일 한 줄씩 늘려나간다. 가장 중요한 것은 복습이라는 것을 명심하라. 단어 자체를 암기하는 것은 물론이고 글의 내용을 마음속으로 그림을 그릴 수 있을 때까지 단어의 의미를 생각해야 한다. 처음부터 욕심을 내는 것은 금물이다. 하루 한 줄씩 계속하다보면 얼마 되지 않아 그리 어렵지 않게 암송할 수 있는 능력이 생기게 될 것이다.

언뜻 보기에 단순하고 간단한 훈련처럼 보이지만 만만히 봐서는 안 된다. 힌두교의 제자들은 성서와 필적할 만한 분량의 내용을 기억하기 위해 이 방법을 배우고 있다. '한 번에 조금씩', '꾸준한 복습'을 지켜야만 이 기술을 터득할 수 있다.

힌두교의 이 방법에 대해서는 다른 장에서 자세하게 설명하기로 하겠다. 이 레슨의 테마는 '청각을 향상시키는 훈련'이므로 '눈앞에서 이야기한 내용을 기억하고 싶다면 이

보다 나은 방법은 없다.'라는 사실을 말해 두는 것으로 마무리 짓겠다. 이것은 시 한 줄 한 줄을 기억하는 것뿐만이 아니라 귀와 머리를 훈련하여 이미지를 받아들이고 보관했다가 불러내는 능력을 향상시키는 훈련이기도 하다. 이 훈련을 지속하면 이야기의 내용을 기억하는 능력이 하루가 다르게 향상될 것이며 고생한 것 이상의 효과를 거둘 수 있는 훈련이다.

　이 훈련을 하다가 점점 흥미가 떨어진다고 느껴졌을 때는 기분전환을 위해 다른 시나 다른 테마로 바꿔보라. 단, 가끔씩 이전에 외웠던 시를 복습하는 것을 잊어서는 안 된다. 이처럼 변화를 주게 되면 훈련에 새로운 즐거움이 생겨서 신선한 마음으로 원래 암기하던 대상으로 돌아올 수 있을 것이다.

레슨6의 정리

☐ 예리한 청각을 키우기 위한 최선의 방법은 주의력과 흥미를 키우는 것.

☐ 다른 그 어떤 감각보다 청각은 향상시키기 쉽다. 훈련과 노력을 통해 향상되고, 태만과 부주의로 쇠퇴한다.

☐ 청각을 향상시키는 훈련 1~8을 실천할 것.

| 한 문장 명언 |

오늘보다는 보다 나은 내일을 위해서 행동하라. 세계의 넓은 들판에서, 또한 인생의 싸움터에서 목매인 송아지처럼 쫓기지 말고 당당한 용사가 되라.
위대한 자의 생애를 돌아보고 인생을 숭고히 하여, 생을 떠나는 날 시간의 모래 위에 영원한 발자취를 남기고 가라.

- 롱펠로 -

LESSON 07
연관의 법칙

LESSON 07

연관의 법칙이란?

사람의 사고는 의지에 의해 특정 방향을 향하고 있지 않을 때는 어떤 움직임을 할까?

많은 사람들은 사고가 아무런 법칙도 따르지 않은 채로 적당히 머리 속에 떠오르는 것이라고 착각을 하고 있다. 머리에 떠오른 생각에 아무런 연관성이 없을 것 같을 때는 그렇게 생각하는 것도 어쩔 수 없겠지만 실제로는 전혀 다르다. 언뜻 보기에는 잘 모를 수도 있지만 하나의 생각과 다음에 떠오르는 생각 사이에는 반드시 연관성이 있다.

그 사이에는 〈연관의 법칙〉이 작용하고 있기 때문에 원인과 결과의 법칙이 존재하듯, 만유인력의 법칙이 불변의 것이듯이 이 법칙도 확고한 것이다. 인간의 사고의 흐름은 사과가 나무에서 떨어지는 것과 마찬가지로, 파도가 밀려왔다가 다시 빠져나가는 것처럼 일정의 법칙이 작용하고 있는 결과이다. 머리 속에 떠오른 생각에는 어떤 형태로든 연관성이 있는데 대부분의 경우에는 그 연관성을 실제로 밝히기는 어렵다. 연관성이 있는 온갖 생각들이 하나의 그룹으로 머리 속에 떠오르고 그 그룹은 다른 몇 개의 그룹과 연관성을 가지고 있다.

레슨4에서 '기억력을 키우기 위해서는 주의력이 중요한 역할을 한다.' 는 이야기를 했다. 주의력 다음으로 중요한 요소가 바로 연관성이다. 대상이 되는 것이나 생각을 머리 속에 기록하는 기능은 그 대상에 쏟고 있는 주의력의 크기에 따라 좌우된다. 반면에 기록한 것을 재생하는 기능은 받아들인 이미지를 과거에 기록된 다른 이미지와 결합하여 '연관성' 의 정도에 따라 결정된다고 봐도 좋을 것이다. 심리학에서는 '심리학에 있어서 연관성의 법칙은 물리학에 있어서의 만유인력의 법칙이다.' 라고까지 말한다. 올바른 연관성을 짓는 습관은 기억해 내는 능력을 향상시키기 위해 없어서는 안 되는 것이다.

받아들인 이미지의 기록이나 보관을 할 때 최고의 결과를 창출해 내는 것은 대상이 되는 것에 주의력을 집중했을 때이다. 그리고 보관된 이미지를 떠올릴 때는 기억을 떠올리고 싶은 이미지를 두 개 이상의 다른 이미지와 연관 짓는 것이 최고의 결과로 이어진다. 수많은 이미지들끼리 연관을 지을수록 기억을 떠올리는 것이 간단명료해진다. 선명한 이미지를 받아들이지 않는다면 불완전한 형태로밖에 기억해 낼 수 없고, 받아들인 이미지는 어떤 형태로든 다른 복수의 이미지와 연관 짓지 않는다면 기억 자체를 떠올릴 수 없다.

연관성 법칙의 기초가 되는 것은 이미지가 다른 복수의 이미지와 연결되기 쉬운 경향이 두드러지기 때문에 하나의 이미지를 떠올리면 그와 연관성이 있는 다른 이미지들도 현재의식의 영역으로 드러난다는 사실이다. 어떤 심리학자는 이렇게 말했다.

"각각의 것은 기억을 떠올릴 만큼 힘이 없지만, 하나로 뭉쳐지면 잘 될 때도 있다."

다른 심리학자는 연관성을 다음과 같이 분류했다.

"연관성의 기초가 되는 두 가지 주요 요인은 유사성과 연속성이다."

이미지는 어떤 식으로 연결이 될까?

'유사성에 의한 연관'은 새롭게 받아들인 이미지는 물론 낡은 이미지도 과거에 기록된 이미지 속에서 특정 지점에서 자신과 닮은 것을 불러들이는 경향이 있기 때문에 두 개의 이미지는 기억 속에서 서로 연관성을 가진다는 사실에 바탕을 두고 있다.

여기에 A라는 이미지와 B라는 이미지가 있는데, 이 두 개는 기억 속에서 서로 직접적인 연관성이 없다고 가정한다. A에서 B까지는 긴 연상의 고리를 따라 가야하지만 한 번 연결하여 생각하게 된다면 다시는 연상의 고리를 사용하지 않고 둘 중에 어느 하나만을 떠올려도 자동적으로 다른 하나도 함께 떠오르게 된다.

두 개의 이미지는 기록된 시간과 장소가 전혀 다를 수도 있지만 유사성이 강할수록, 혹은 주의력에 의해 유사성을 강조하게 된다면 같은 시간과 장소에서 기록된 것처럼 연관성을 지을 수 있다. 두뇌의 훈련을 통해 아무런 공통점도 없어 보이는 것들 사이에서도 유사점을 발견할 수 있게 되고, 그렇게 인식된 유사점은 자연스럽게 기억 속에 기록된다. 유사점을 발견할 수 있게 된다면 어떤 계가가 주어지기만 하면 생각, 사실, 사건, 실례 등의 놀랄만한 연관성의 바퀴를 현재의식의 영역으로 불러낼 수 있게 된다. 반대로 대상들 사이의 연관성에 주의를 기울이지 않고 멍하니 있으면 유사성에 의한 연관의 법칙을 이용해서도 따로따로 기록된 이미지를 동시에 떠올릴 수가 없다. 기억을 떠올릴 수 있는 것은 같은 시간과 장소에서 기록된 이미지뿐이다.

한편 '연속성에 의한 연관'은 시간적으로 연속적으로 기록된 이미지의 연결로 온갖 종류의 잡다한 돌을 적당히 연결한 목길이를 연상하면 좋을 것이다. 이어진 순서내로 돌을 세어나가는 것과 같다. 이와 반대로 '유사성에 의한 연관'은 떠올리고 싶은 기억과 연관된 것들을 모두 잘 정리한 서랍과도 같다. 이 서랍만 열면 저장된 시간과 상관없이 필요한 정보들이 순서대로 자연스럽게 모습을 드러낸다. 이런 형태로 맺어진 이미지들은 과거의 경험이나 이미지의 도움이 필요한 상황이 닥치면 곧바로 기억을 떠올릴 수 있다. 특정 이미지가 필요한 상황 때문에 기억 속에 각인되어 있던 모든 연관성이 있는 정보와 축적된 지식이 하나도 빠짐없이 되살아나는 것이다.

모든 이미지는 연관성을 가지고 있다

'연속성에 의한 연관'은 새로운 이미지나 과거에 받아들인 이미지가 모두 같을 때 혹은 그 이전에 기록된 다른 이미지들을 되살리는 경향이 있다는 사실에 기반을 두고 있다. 가까운 시간에 기록된 이미지는 서로 연결되기 쉬우며, 하나를 떠올리면 대부분 다른 이미지들도 함께 되살아나게 된다. 하나의 이미지와 그 직전 혹은 직후에 기록된 이미지 사이에는 밀접한 연관성이 생기게 된다. 일반적으로 단독으로 존재하는 이미지는 있을 수 없다고 해도 과언이 아니다. 모든 이미지들은 직전 이미지의 연속이며 직후 이미지의 시작부분이기 때문이다.

연속성에 의한 연관성에 있어서는 몇 개의 이미지가 전

후로 기록되어 하나를 떠올리면 다른 이미지들도 줄줄이 이어져 떠오르기 때문에 익숙한 문장을 단어 하나씩 읽은 대로 순차적으로 반복하는 것은 간단하지만, 반대로 읽거나 문장 중간의 단어 중에 몇 개를 임으로 떠올리는 것은 어렵다. 시를 읽을 때는 하나의 단어 끝과 다음 단어의 시작을 연결시키면 각각의 단어에서 다음 단어를 연상할 수 있어 순서대로 반복할 수 있다.

아이들은 알파벳을 A에서부터 Z까지 쉽게 외울 수 있지

만, Z에서 A까지 외우라고 하면 어떨까? 뒤에서부터 외우는 연습을 하지 않았다면 불가능할 것이다. 고도의 기억술을 익힌 사람은 연속성에 의한 연관성을 이용해서 수백 개에 달하는 단어를 암송할 수도 있지만 처음을 생략하고 중간서부터 시작하지는 못한다.

공들인 기억술의 대부분은 연속성에 의한 연관의 법칙에 기반을 두고 있다. 이런 방법과 유사성에 의한 연관의 법칙에 기반을 둔 방법의 대부분은 기억을 떠올리는데 유익하

면서도 대단히 독창적이다. 그러나 정작 시작을 해보면 번거롭고 난해해서 기억력이 향상되기는커녕 오히려 혼란만 더하게 된다. 하지만 이런 종류의 방법을 따르지 않고 이미지를 서로 연결시키는 능력을 키우면 도움이 된다. 하나의 이미지가 시차적으로 연속하고 있는 다른 이미지와 강한 연결고리로 이어져 있는 편이 훨씬 쉽게 기억을 떠올릴 수 있기 때문이다.

이 능력은 특정 이미지와 그 직전이나 직후의 이미지에 주의력을 집중하여 두 개의 이미지를 실질적으로 일체화시키는 훈련을 통해 향상시킬 수 있다. 다른 이미지를 서서히 추가해 나가면서 하나의 이미지를 떠올리면 다른 이미지들도 금방 떠올릴 수 있도록 단단하게 이어나가자. 이미지의 연결이 강할수록 기억을 떠올리는 것도 간단하고, 빨리 연결할수록 일체와도 완벽해진다. 두 개의 이미지를 빠르고 확실하게 이어주지 않는다면 전혀 관계가 없는 생각이 둘 사이에 파고들어와 연속성에 의한 연결고리를 방해하는 틈이 생기고 만다.

기억에 관한 연관의 법칙을 이해하면 '고립된 인상을 떠올리기 쉬운 형태로 보관하고 이미 보관된 다른 이미지와 연관성을 지을 필요가 있다.'라는 것을 이해하기 쉽다. 가능한 한 많은 이미지와 연결할수록 떠올리기 쉽고 많은 연관성을 부여하면 효과도 극대화된다.

원래는 연속성에 의해 연관 지어졌던 것과 나중에 유사성에 의해 연결 지어진 경우에는, 유사성을 기준으로 같은 순서를 몇 번이고 불러내면 새로운 연관성에 의한 연결성이 생겨나 '연속성의 법칙'과 '유사성의 법칙'이 서로에게 영향을 끼치게 된다. 그리하여 유사성이 크고 많을수록 원활하고 확실하게 떠올릴 수 있게 된다.

학식이 높고 관찰력이 예리한 사람은 어떤 분야의 정보라도 쉽게 기억할 수 있는 것처럼 보이기 때문에 대단한 능력을 가지고 있는 것처럼 보이지만 실제로는 동떨어진 것들에서 유사성을 찾아내어 이 그룹에서 저 그룹으로 정보의 그룹 사이를 이동할 수 있는 것에 지나지 않는다. 이것은 유사성에 의한 연관성을 짓는 능력이 익숙하지 않은 사람에게는 불가능한 방법이다. 만약 이것이 가능해진다면 온갖 정보로 가득 차 있는 실 뭉치의 끝자락을 꼭 붙잡고 천천히 실을 풀어나가기만 하면 된다.

기억에 관한 세 가지 원칙
 전문가들은 다음과 같이 정의를 하고 있다.

〈제1원칙〉
 모든 이미지는 유사한 성질을 가진 과거의 이미지를 되살리는 경향이 있다. 단, 과거에 받아들인 이미지가 현재의식의 영역으로 되살릴 수 있는 것은 다음과 같은 경우이다.
- 이미지를 선명하게 받아들인 경우.
- 애매하게 받아들여진 이미지가 기억을 떠올리는 작업 덕분에 반복적으로 현재의식으로 되살아난 덕분에 강해진 경우.

〈제2원칙〉
 이미 기록된 이미지와 닮아 있는 이미지를 받아들인 경우 서로의 유사성이 인식되지 않는다면 두 개의 이미지는 따로 보관된다. 그러나 새로운 이미지를 받아들임과 동시에 과거의 이미지가 되살아나 유사성이 있는 이미지라고 인식을 한다면 두 개의 이미지는 기록 속에서 서로 이어져 함께 보관된다.

〈제3원칙〉

연관 지어진 이미지의 고리 일부가 현재의식으로 되살아나면 나머지 이미지 또한 최소한의 노력만으로도 떠올릴 수 있다. 또한 하나의 이미지를 떠올리면 그와 동시에 기록되어 있던 다른 이미지도 유사성과 상관없이 모두 되살아난다.

제1원칙을 생각할 때 잊어서는 안 되는 것은, 어떤 사람은 유사성이 있다고 생각하지만 또 다른 사람에게는 아무런 유사성도 없는 것처럼 보인다는 것이다. 이 차이는 당연히 **제1원칙**에도 영향을 끼친다. 이미지끼리 유사성이 없거나 혹은 인식할 수 없다면 연결 지어 떠올리는 것은 불가능하다.

무언가를 자연스럽게 떠올리는 행위는 대부분 잠재의식의 작업이라 할 수 있으며, 인간이 그 작용을 의식하는 것은 불가능하다. 온갖 생각이 줄줄이 의식을 통과하기 때문에 그 순간에는 생각들끼리의 연결이나 연관성을 깨닫지 못하는 경우가 있다. 그러나 생각의 흐름을 순서대로 따라 거슬러 올라가보면 전혀 다른 테마나 생각들이라도 가는 실로 이어져 있는 것을 확인할 수 있다. 처음에는 테이블을 생각하고 있었지만 결국에는 전혀 연관성이 없어 보이는 무언가를 생각하고 있는 경우도 있다.

무언가가 자연스럽게 의식으로 되살아나는 것은 대부분 이미지들 사이에 자연스럽고 밀접하면서 직접적인 연관성이 있기 때문이다. 이와 달리 노력만으로 기억을 떠올리려고 할 때는 의지의 힘을 이용해서 기록된 몇 가지 이미지들 사이의 연결이나 연관성을 이끌어내지 못한다면 찾고자 하는 이미지를 찾을 수 없다.

앞에서 밀했던 것처럼 애매하게 기록된 이미지를 현재 의식의 영역으로 되살리는 것은 매우 어렵고, 주의력을 통해 명확하게 기록된 이미지는 비교적 불러내기 쉽다는 사실이다. 그러나 애매한 이미지도 빈번하게 기억을 떠올림으로써 점점 강하고 선명해져서 처음부터 또렷하게 기록된 이미지처럼 기억을 떠올리기 쉽게 된다. 또한 무언가가 중요한 상황에서 받아들인 이미지는 훨씬 확실하게 기록되기 때문에 기억을 떠올리기 쉬워진다.

이것만은 꼭 알아두자

이미지를 현재의식으로 불러냄으로써 그 이미지를 보다 선명하고 강한 것으로 만드는 것에 대해 주의해야하며 이것은 매우 중요하다. 이 강화작업의 핵심은 다음과 같다.

기록된 이미지를 의식적으로 불러낸다. → 주의력을 이용해서 그 이미지를 현재의식의 영역 안에 머물게 한다. → 새로 주의력을 기울여 강화된 이미지를 저장고로 보낸다.

이처럼 과거의 이미지를 의식적으로 떠올리고 새롭게 주의를 기울이는 작업은 적어도 그 하나의 이미지에 관해서만은 이미지의 원래 대상물을 몇 번씩 보는 것보다 훨씬 가치가 있다. 물론 대상물을 반복해서 본다면 처음 기록된 이미지에서 찾아낼 수 없었던 세세한 부분까지 명확하게 확인할 수 있다는 장점도 있다. 이에 대해서는 시각을 테마로 다룬 **레슨4**에서 언급한바 있다.

어떤 대상을 본 순간 과거의 이미지가 되살아나고, 두 개의 이미지가 연결되면 과거의 이미지는 새로운 이미지에 흡수되어 떼어낼 수 없게 된다.

기억 속에는 사용할 수 없는 상태이기 때문에 방치된 정보가 산더미처럼 쌓여 있는데, 다른 정보와 연결될 기회만 생기면 많은 도움이 될 수도 있다. 따라서 뭔가 새로운 것을 생각했을 때 어지럽게 널려 있는 기억의 저장고 속 수많은 정보들끼리 서로 연관성을 맺어두는 것이 좋다.

의식적으로 무언가를 떠올릴 때는 반드시 의지의 힘을 이용하여 연관성의 고리를 찾아내는 작업이 동반된다. 이 작업이 순식간에 이루어져 눈 깜짝할 사이에 연결고리를 찾아내는 경우도 종종 있다. 그러나 대부분의 경우에는 기억을 떠올릴 때까지 한동안의 시간이 걸리기 때문에 스스로 행방불명인 이미지를 불러낼 능력이 부족하다는 사실을 인정해야만 한다. 정보를 정리해 두면 잠재의식이 그것을 인식하여 찾고자 하는 이미지를 약간의 시간만 흐르면 현재의식으로 되살려 준다. 원하던 정보에 대한 생각을 포기하는 순간 그렇게 되는 경우가 많은 것 같다.

특정 이미지를 떠올리고 싶을 때는 그 이미지가 기록되어 있는 장소와 상황, 떠올리고 싶은 것의 직전이나 직후에 일어난 것을 떠올리면 좋다. 그러면 마음은 본능적으로 필요한 기능을 작동시켜 이미지의 연결고리를 찾아낼 계기를 만들어 준다.

인식에는 단계가 있다

과거에 보고 들었던 것들과 시간이 흘러 다시 만났을 때 재인식할 경우 '완전한 인식'과 '부분적인 인식'이라는 두 개의 단계를 생각할 수 있다. 이전에 만난 적이 있는 사람과 재회했을 경우를 생각해 보자. 상대의 외모가 기억이 나고, 이름이 떠오르고, 어떤 일을 하고 있는 누구인지가 기억난다면 상대를 완전히 인식했다고 할 수 있다. 그러나 얼굴은 기억이 나지만 이름은 기억이 나지 않는다, 혹은 얼굴과 이름은 기억이 나지만 어디서 만난 누구인지가 기억나지 않을 경우에는 상대를 부분적으로밖에 인식하지 못했다는 것이 된다.

어떤 남성이 안면이 있는 부인을 만났다. 얼굴은 기억하고 있지만 이름이 생각나지는 않았다. 그래서 옛날부터 이용했던 방법을 써서 상황을 모면하려고 이렇게 말했다.

"실례합니다. 부인 이름의 스펠링을 잊어버렸네요. 죄송하지만 다시 한 번만 말해줄 수 없을까요?"

상대 여성은 이렇게 대답했다.

"네, 물론이죠. J-o-n-e, 존입니다."

어린 아이들도 알 수 있는 스펠링을 물어보고 망신을 당했다고 한다.

누군가 당신의 이름을 불러 상대의 얼굴을 보고 잘 기억이 나지 않을 때는, 잠시 이야기를 나누어 보라. 그러면 무언가가 계기가 되어, 순간 머릿속에서 상대에 대해 알고 있는 것을 이미지의 연결고리를 찾아내어 생생하게 떠올릴 수 있게 만든다.

어떤 것을 기억하고 있느냐노 그것을 보고 바로 알 수 있을 것이라고 단정할 수는 없다. 어떤 물건을 아무리 찾아도 결국 찾지 못했다가 한참의 시간이 지난 뒤에 자신이 찾았던 곳에서 그것을 발견하는 경우가 가끔씩 있곤 한다. 어째서 거기 있었던 것이 '보이지 않았을까?' 하고 의아할 정도의 장소일 것이다.

　이럴 경우의 문제는 인식기능이 정상적으로 작용하지 않았기 때문인데, 찾고 있던 것이 눈에 들어오기는 했지만 인식할 수 없었던 것이다. 이럴 때 해결방법은 찾고자 하는 것을 마음 속에 떠올리는 것, 다시 말해서 멘탈 이미지를 명확하게 그리는 것이다. 그러면 눈에 들어온 순간 곧바로 인식할 수 있다.

　이것은 아무리 가까이 있는 것이라도 마찬가지이다. 예를 들어 지우개를 찾고 있을 때 멘탈 이미지가 명확하지 않으면 설령 지우개가 눈에 띄었다고 하더라도 그것이 자신이 찾고 있는 물건이라는 것을 인식하지 못한다. 눈에 들어온 순간에 떠오르는 것은 '지우개'라고 하는 명칭뿐이고 찾고 있는 것의 모습과 연결이 되지 않기 때문이다.

　인파 속으로 사라진 아내를 찾고 있던 남성이 아내의 얼굴을 정면에서 바라보면서도 모르고 지나치는 경우가 있다. 이것은 너무 걱정이 된 나머지 아내에 대한 멘탈 이미지가 엉망이 되었기 때문이다.

레슨7의 정리

☐ 우리의 생각과 사고의 흐름은 '연관의 법칙'이 작용한 결과이다.

☐ 주의력 다음으로 필요한 요소는 '연관성'이다.

☐ 기억에 관한 세 가지 원칙을 기억하자.

한 문장 명언

모든 것의 위에 자연이 주는 영원의 장식이 있다.
모든 것이 마음에 드니 세상 또한 마음에 든다. 내가 존재하는 것이 또 즐겁다.
고마운 눈이다. 이 눈으로 아름다움을 감득할 수 있는 기쁨이 나의 행복이다.

- 괴 테 -

LESSON 08
이미지에 관한 13법칙

이미지에 관한 13법칙

반드시 기억해 둬야할 법칙

여기서 열거하는 〈13법칙〉을 읽고 기억에 의해 이미지가 각인될 때, 이미지를 받아들이고 기록하고 재생하는데 어떤 법칙의 지배를 받고 있는지를 파악해 보자. 모든 항목이 흥미롭기 때문에 '기억'이라 불리는 정신활동을 지배하고 있는 법칙을 완벽하게 이해하는데 도움이 될 것이다.

이 레슨에서 다룰 대부분의 내용은 말만 바뀌었을 뿐 다른 레슨에서도 기술하고 있지만, 공통점이 있는 법칙끼리 연결하기 쉽도록 일목요연하게 정리하는 것이 바람직하다고 생각했다.

법칙1 – 집중력을 이용해서 선명한 이미지를 받아들이면 나중에 기억하기 쉽다

지금까지 말했던 것처럼 최소한의 노력만으로도 쉽게 기억을 떠올릴 수 있게 머리 속에 기록하고 싶다면 대상물의 이미지를 향해 마음을 집중할 필요가 있다. 일반적으로 이미지의 강약은 대상물을 향한 주의력과 흥미의 크기와 정비례한다고 할 수 있다. 따라서 명확한 이미지를 기록할 수 있도록 주의력과 흥미를 강화시키는 것이 무엇보다 중요하다. 나를 포함한 많은 사람들이 이 방법으로 착실하게 기억력을 향상시켜 왔다.

법칙2 – 처음 이미지를 받아들였을 때 또렷하게 기록할 것

처음 받아들인 이미지의 선명한 정도가 많은 것을 좌우한다. 새로 받아들인 이미지는 기존에 있던 이미지 위에 쌓여 간다. 처음 받아들인 이미지가 선명하지 않다면 빠진 부분을 나중에 수정하는 것이 대단히 어렵기 때문에 처음 이미지를 지워버리고 새롭게 이미지를 기록하는 작업이 필요하다. 하지만 그렇게 된다면 혼란스러운 기록이 되고 만다.

따라서 이미지를 처음 받아들일 때는 그 대상에 가능한 최대의 주의력과 흥미를 쏟아야 한다.

법칙3 – 처음부터 너무 세세한 곳까지 기억하려 하지 말 것

이 법칙을 지킨다면 불필요한 노력과 에너지의 허비를 막을 수 있다. 처음에는 대상물의 대략적인 모습을 받아들이는데 전념하고, 그것이 익숙해지면 그 이외의 중요한 정보를 서서히 받아들여 간다. 다음으로 중요한 부분에서 빠진 정보, 마지막으로 그다지 중요하지 않은 세세한 정보들을 받아들인다. 대상물을 전체적으로 파악하려할 때 다른 요소들과 비교해서 훨씬 더 눈에 잘 띄는 요소가 몇 가지 있다. 다른 것들은 무시하고 일단 그런 요소들에 집중하여 선명한 이미지를 받아들인 다음, 일단 모든 작업을 중단한 채 대상물 전체를 다시 힌 번 바라본다. 그러면 이번에는 다른 요소들 중에 또 다른 몇 가지가 눈에 띄게 되는데, 그것들을 받아들이면 된다. 대상물을 완전히 파악할 수 있을 때까지 이 작업을 반복해 주길 바란다. 이 방법을 통해 단계별로 완전한 기록을 보관할 수 있게 되어 모든 부분을 간단하게 기억해 낼 수 있는 것은 물론이고, 그 부분과 다른 부분과의 연관성도 깨닫게 될 것이다. 이 방법 이외에 합리적으로 사물을 관찰하는 방법은 없다.

이 방법을 활용할 때는 대상물을 한 그루의 나무라고 생각하면 훨씬 쉬울 것이다. 먼저 지면에서부터 시작해서 줄기를 완전히 파악하고 커다란 가지, 작은 가지, 그리고 아주 가는 가지의 순으로 진행해 나간다. 새로운 것을 배울 때는 그 테마에 관련된 아주 초보적인 책부터 시작해서 완전히 숙지를 한 다음 한 단계씩 수준을 올려간다. 대부분의 사람들이 갑자기 높은 수준의 책부터 시작하는 과오를 범하고 있기 때문에 결국에는 아무것도 완전히 습득하지 못한 채로 테마 전체를 애매하게 파악한 상태로 끝나고 만다.

무언가를 배울 때는 초심자용 책을 읽기 전에 일반적인 백과사전의 설명을 천천히 읽어보라고 권하는 선생님도 있다. '걷기 전에 기어라'가 자연의 법칙이다. 학습과 기억도 이 법칙에서 벗어날 수 없다.

법칙4 – 자주 기억을 떠올릴수록 이미지는 더욱 선명해 진다

　기억력 강화 훈련의 기초가 되는 법칙이다. 만약 이 법칙을 다루지 않는다면 훈련 전체가 엉망이 될 것이다. 여기서 말하고자 하는 것은 처음에 받아들인 이미지를 의식적으로 떠올리는 것을 말하는 것이지, 같은 대상물에서 다시 한 번 이미지를 받아들인다는 의미가 아니다. 이 방법을 실천하면 이미지가 강화되는 것은 물론이며 의지가 자신의 역할을 다 하도록 훈련되기 때문에, 단기간 내에 필요한 이미지

를 거의 자동적으로 떠올릴 수 있게 된다. 몇 번이고 반복적으로 기억을 떠올림으로써 이미지가 반영구적으로 마음 속에 각인되어 최소한의 노력만으로도 이미지를 떠올릴 수 있게 되는 것이다.

처음 세 가지 법칙을 실천함으로써 상당히 선명한 이미지를 받아들일 수 있다. 그리고 항상 훈련과 복습을 반복함으로써 기억하고자 하는 것의 이미지는 깊고 선명하게 각인될 것이다. 이 분야에서 많은 저서를 남긴 한 저자는 처음 만난 남성과 하룻밤을 함께 보낸 적이 있었는데, 그 남성은 며칠 뒤에 다시 자신을 만났지만 알아보지 못했다는 사례를 들어 이 법칙을 설명하면서 "만약 처음 만난 사람과 보낸 시간이 단 5분이라 할지라도 그것을 매일 2주 동안 반복한다면 다음에 만났을 때 곧바로 알아봤을 것이다. 왜냐하면 반복적으로 만남으로써 이미지가 마음 속에 강하게 기록되기 때문이다."라고 지적하고 있다.

법칙5 - 이미지를 떠올릴 때는 이미지의 바탕이 되는 대상물을 가능한 한 재인식하지 않는 것이 지속적이고 강한 이미지가 된다.

이 원칙에 대해서는 레슨4의 '시각을 통한 인식과 기억' 편에서 다루었다. 핵심은 머릿속으로 몇 번이고 반복해서 이미지를 떠올리는 작업이 중요하다는 점이다. 물론 세세한 부분까지 파악하지 못하는 경우도 있을 것이고, 빠진 부분을 확인하기 위해 대상을 재인식하지 않으면 안 되는 경우도 있을 것이다. 그러나 일단 기록된 이미지를 또렷하게 떠올릴 수 있도록 선명한 이미지를 만들도록 노력하자. 나중에 인식된 세세한 부분에 대해서도 같은 작업을 반복하면 이미지를 떠올릴 때마다 빠진 부분이 보충되어 완전한 모습에 가까워진다.

어렴풋하게 대상을 바라보는 행위를 한 달 동안 매일매일 반복한다고 하더라도 얻을 수 있는 정보는 한정이 되어 있다. 일단 대상물을 주의 깊게 관찰한 다음 머릿속이나 종이 위에 이미지를 재현하는 작업을 일주일 동안 반복하고, 매일 새로운 정보를 받아들이는 것이 올바른 방법이다. 첫날 관찰에서 강한 이미지를 남기지 못한 것들은 둘째 날의 관찰을 통하여 이틀 치를 복습하거나 떠올리면서 새로 관찰한 점을 첫날의 인상에 더해간다. '대충 흘려들은 교훈은 머리 속에 남지 않는다.'는 점을 염두에 두길 바란다.

법칙6 - 기억력 훈련에는 대상물의 새로운 이미지를 받아들이는 것보다 과거에 기록된 이미지를 떠올리는 것이 중요하다

'**법칙5**'와 매우 비슷한 법칙이다. 세세한 부분이 잘 떠오르지 않는다고 해서 당장 대상물을 재인식하지 말고 가능한한 기억에 의존해야 한다는 뜻이다. 기억은 쓰면 쓸수록 향상되는 것이다. 대상물이 눈앞에 없을 때만 할 수 없이 사용하는 것이 아니다. 그것은 마치 힘들게 기억력을 향상시키는 것보다 간단하다고 해서 곱셈이 필요할 때를 대비해 구구단 표를 들고 다니는 것과 마찬가지이다. 오래된 이미지를 불러내기보다 대상물의 새로운 이미지를 받아들이는 데만 의존하게 된다면, 결국은 아무것도 몸에 배이지 않고 다람쥐 쳇바퀴 돌듯이 몇 번이고 처음으로 다시 돌아가 기억해야하는 일을 반복해야 된다.

법칙7 - 대상물을 처음 관찰하고 있을 때, 다시 말하면 과거에 기록된 이미지가 없을 때는 비슷한 이미지를 떠올려 연상 고리를 만들면 된다

새로운 대상물의 이미지를 받아들이기 쉽게 해주는 법칙이다. 새로운 것을 과거에 기억했던 것과 연결함으로써 연상 고리가 만들어지고, 이미 머리 속에 정착되어 있는 이미지를 새로운 이미지와 연결할 수 있다. **법칙5**의 '대상물에 대해 새롭게 관찰한 세세한 부분의 이미지를 이미 기록되어 있는 강한 이미지와 연결한다.' 와 비슷한 법칙이다.

예를 들어 톰슨이라는 남자를 만났지만 기억하기가 어렵다는 생각이 든다면, 이미 알고 있던 톰슨이라는 친구와 동명이인이라고 생각한다면 절대로 잊지 않을 것이다. 두 사람과 이름을 기억 속에서 연결하여 연상 고리를 만들어 버리면 새로 사귀게 된 사람의 이름을 쉽게 기억할 수 있다.

그리고 새로운 대상물을 기억할 때는 이미 알고 있는 것들 중에서 가장 연관성이 강한 것과 연결하도록 노력을 하자. 유사성이 있는 과거의 이미지와 연결을 할 수 있다면, 마음은 새로운 이미지를 오래 된 이미지의 일부로 인식하여 새로운 이미지라고 여기지 않게 된다. 마음은 아무래도 보수적이라 오랜 친구라고 여기면 새로운 얼굴과도 쉽게 친해지는 것 같다.

법칙8 – 연상 고리를 만들면 하나의 이미지에서 줄줄이 이어지듯이 다른 이미지가 되살아 난다

　특정 대상의 일부가 떠오르면 마음은 같은 대상의 다른 부분까지 자연스럽게 떠올리게 된다. 따라서 가능한 한 많은 것들을 이어주는 고리를 만들어 모든 조각들을 전체의 일부분으로 만들어 놓으면 어디서부터 시작을 하든 어떤 방향으로 진행을 하든 간에 고리 전체를 거슬러 올라갈 수 있다.

　하나의 테마에 대한 모든 조각을 가능한 논리적인 순서대로 정리하여 고리를 만들어 놓으면 좋다. 새로운 조각은 적절한 장소에 끼워 넣기만 하면 오래 된 조각과 함께 불러 낼 수 있다. 그것이 사물이든 사고든 기억을 떠올릴 때마다 연상 작용은 훨씬 커지게 된다.

　아이들이 알파벳 H를 떠올리는 것은 간단한데, 그 이유는 이미 G를 알고 있기 때문으로 그것이 H와 이어져 있기 때문이다. 연상 작용이라는 점에 관해서는 나의 수많은 것들에 대한 기억력과 아이들 입장에서의 알파벳이나 구구단 표에 대한 기억력과 많이 닮아있다. 기억을 떠올리고 싶은 것이 있는데 잘 되지 않을 때는 고리의 끝을 찾아내서 원하는 기억을 찾을 때까지 거슬러 올라가기만 하면 된다.

　자신이 살고 있는 교차로들 중에서 임으로 기억을 떠올리려고 아무리 애를 쓰더라도 쉽지 않지만, 거리의 시작부분부터 기억을 떠올린다면 그리 어렵지 않게 올바른 순서대로 늘어놓을 수 있다. 이와 마찬가지로 아이들도 미합중국의 역대 대통령이나 영국 국왕의 이름을 열거할 때, 워싱턴이나 윌리엄 1세부터 차근차근 시작을 한다면 훨씬 쉬워진다. 그러나 '순서를 엉망으로 뒤죽박죽이 되게 한 다음 전부의 이름을 대라.'고 하는 순간 갑자기 어려워진다.

　사람에게 있어 가장 기억을 떠올리기 쉬운 것은 직전과 직후에 들어온 이미지가 머릿속에서 이어진 것이거나, 무언가 특정 규칙으로 이어진 것들이다. 머릿속에서 고리를 만들 때는 알파벳이나 역대 대통령 이름의 규칙에 따라 처음 항목을 확실하게 머리 속에 각인시킨 후에 다음 항목을 추가시키자.

법칙9 – 대상물의 관찰과 조사에는 오감을 최대한으로 활용할 것

대상물이 같은 것이라고 할지라도 마음에 기록된 이미지는 지각기관에 의해 달라진다. 따라서 복수의 감각을 이용한다면 사용한 감각의 수만큼 많은 이미지를 받아들일 수 있게 된다. 이름이나 날짜를 기억하려고 한다면 목소리를 높여 반복하는 것뿐만이 아니라, 종이에 쓰고 눈으로 확인하는 것이 소리라는 추상적인 이미지와 함께 시각적인 이미지도 함께 받아들일 수 있다. 그렇게 되면 받아들인 이미지를 떠올릴 때 전체의 인상, 소리의 인상, 종이에 적은 인상을 모두 활용할 수 있다.

사람들 앞에서 낭독을 하는 사람은 낭독하고 있는 페이지의 단어와 단락들이 적혀 있는 그대로의 형태로 마음의 눈을 통해 영상처럼 볼 수 있다고 한다. 설교의 내용을 메모조차 하지 않고 머릿속으로 짜내면서 연단에 서서 연설하는 목사도, 마치 원고를 들여다보듯이 단락의 구성과 각 단락의 첫 단어가 이야기를 꺼내려는 순간에 맞춰 떠오른다고 한다. 연설이나 강연을 하는 사람들도 마찬가지 경험을 하고 있다.

한두 번 목소리를 내지 않으면 이름을 기억할 수 없는 사람들이 생각보다 많다. 기억력의 훈련이 향상되면 이 법칙을 실감하는 경우가 아주 많을 것이다.

법칙10 – 부족한 것은 그 감각에 맞는 방법으로 훈련하면 크게 향상된다

특정 감각을 통해 받아들인 이미지를 떠올리기 힘들 경우에는 선명한 이미지의 기록이 가능하도록 그 감각을 훈련하자. 구체적인 방법에 대해서는 다른 레슨에서 다시 다루기로 하겠다. 가능한 많은 감각을 훈련할수록 선명하게 받아들일 수 있는 이미지도 늘어난다. 선명하게 받아들여진 이미지가 많아진다면 원하는 것을 쉽게 찾을 수 있어 찾고자 하는 이미지를 쉽게 떠올릴 수 있게 된다.

법칙11   특정 이미지가 떠오르지 않는다면 그 이미지와 동시에 받아들인 이미지나, 연관성이 있는 요소를 떠올리면 해결되는 경우가 있다

상대의 이름이 잘 떠오르지 않을 때 응용할 수 있는 방법이다. 상대의 이름을 현재의식의 영역으로 불러낼 수 없을 때는 알파벳을 한 자씩 천천히 살펴나간다. 이름의 첫 글자를 생각하다보면 이름 전체의 이미지가 되살아나는 경우가 많다. 이름의 첫 글자는 이름 전체보다 선명하게 기록되는 경우가 많기 때문에 첫 글자를 떠올리면 연상 작용에 의해 이름 전체가 되살아나는 것이다. 이 방법이 통하지 않는다면 상대의 외모나 말투, 처음 이름을 들었을 때가 언제, 어디서 였는지 등을 떠올리는 방법으로 전환한다. 사람이 아니라 사물의 이름일 때도 같은 방법을 써서 어떤 상황이었는지, 어떤 성질의 것인지 등을 떠올려 보자.

법칙12 – 특정 이미지를 떠올리고 싶을 때는 그것과 연관된 뚜렷한 이미지를 떠올리고, 함께 받아들인 다른 이미지들을 떠올리자. 구분하지 않고 떠올리려고 하는 것보다 훨씬 효과적이다

'**법칙11**'을 실행해도 동시에 받아들인 이미지나 구성요소가 떠오르지 않을 경우에는, 떠올리고 싶은 대상과 사소한 연관성이 있는 이미지를 떠올리려고 노력하면서 가능한 한 대상물의 이미지가 기록되었을 때의 상황에 최대한 다가가도록 노력하자. 이미지를 받아들였을 때의 상황으로 돌아가 자신의 모습을 상상하면 머릿속에서 온갖 생각들이 움직이기 시작해서 바라는 것을 현재의식의 영역으로 불러낼 수 있을 것이다.

법칙13 – 의식적으로 떠올리려고 했다가 실패한 이미지가 나중에 자연스럽게 되살아났다면, 훗날 다시 이용할 수 있도록 그 직전에 현재의식으로 들어온 이미지를 기억해 두자

마음이 특정 이미지를 떠올리기를 거부했지만 나중에 자연스럽게 되살아났다면 그것은 당연히 잠재의식의 작용 때문이다. 그러나 좀 더 자세히 조사를 해보면 그 이미지가 현재의식의 영역에 들어온 것은 다른 이미지의 바로 다음으로, 두 개의 이미지 사이에는 언뜻 보기에는 명확한 연관성이 없다는 것을 알 수 있다. 떠올리지 못했던 이미지의 직전에 현재의식의 영역에 들어온 이미지를 기억해 둔다면, 오랜 시간이 흘러 같은 이미지를 다시 잊어버렸다고 하더라도 마음먹은 대로 불러낼 수가 있다. 두 개의 이미지 사이의 보이지 않는 연결 고리를 깨닫기만 한다면 사고가 활발하게 움직이기 시작해서 기억이라는 오묘한 테마를 훨씬 깊이 알 수 있는 열쇠를 얻게 될 것이다.

---- 레슨8의 정리 ----

□ 기억에 의해 이미지가 받아들여질 때 그것을 받아들이고, 기록, 재생하는 것은 '13법칙'의 지배를 받고 있다.

□ 법칙1~13을 파악할 것. (특히 '법칙1~3')

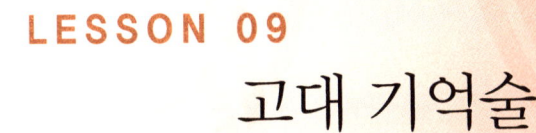

LESSON 09
고대 기억술

LESSON 09
고대 기억술

예로부터 전해오는 방법

 기억술을 향상시키는 테마를 심도 깊게 연구하고 있는 사람, 특정 기억술에 빠져있거나 세상에 그 방법을 널리 알리려 하지 않는 사람들의 대부분은, 우리가 〈누적시스템〉이라 부르는 방법이 기억력을 향상시키는 유일하고 자연스러운 방법이라는 것을 인정하고 있다.

 이 시스템은 마술과 같은 놀라운 기술이나 화려한 선전문구에 의존하지 않고, '기억력은 알기 쉬운 단계를 거쳐 서서히 향상시켜 가야 하는 것이다.'라고 하는 이론 하에 진행되어 간다. 여러 가지 방법을 머리 속에 채워 넣는 것이 아니라 기억력을 향상시키는 것을 목적으로 하고 있다.

  그 바탕이 되고 있는 것은 기억력을 향상시키는 것 또한 근육이나 몸의 일부분을 훈련할 때와 마찬가지로 초조한 마음을 버리고 간단한 운동을 꾸준히 반복하는 것이라고 생각한다. 단순한 암기 요령도 아니고, 기억력 훈련을 통해 기술이나 인공적인 방법을 쓰지 않더라도 원하는 것을 쉽게 떠올릴 수 있도록 하는 시스템이다. 쉽게 말해서 자연의 방식이다. 식물이 씨앗을 만들어 가는 과정과 같은 방법이라고 할 수 있다. 그와 동시에 아무리 많은 양이라도 기억을 할 수 있는 최고의 시스템이기도 하다.

  이 〈누적시스템〉은 고대 사람들이 신성한 가르침이나 철학을 하나의 교육으로 생각했기 때문에 틀림없이 전수하기 위해 두뇌 훈련법으로 활용했던 방법이다. 이런 사람들의 뛰어난 기억력을 말해주는 에피소드는 이 책의 다른 레슨에서도 많이 다루었고, 근대의 예를 살펴보더라도 현재를 사는 우리에게 불가능할 이유는 없다고 생각한다.

어째서 고대 기억술의 맥이 끊겨 버렸을까?

그것은 나름의 이유가 있다. 아직 인쇄술이 발명되지 않아 글을 쓸 줄 아는 사람이 거의 없던 시대에는 적어둔 글을 잃어버리거나 그냥 버려지는 경우가 많았다. 때문에 전수해 줄 스승들은 양피가죽 따위를 믿을 수 없다고 생각했다. 그래서 제자들의 두뇌 훈련을 통해 성서와 비슷하거나 그 이상이 되는 막대한 내용을 기억할 수 있도록 만들었다.

다른 레슨을 참조하면 잘 알 수 있듯이 철학과 종교의 성전, 그리고 많은 나라들의 법률들이 이 방법을 이용해 글로 남기지 않고 수 세기에 걸쳐 끊임없이 계승되어 왔다.

그러나 인쇄기술의 발달과 함께 한 권의 책이 수천 부, 수만 부에 달하는 인쇄물로 쏟아지게 되면서 선조들의 가르침이 완전히 사라질 확률이 줄어든 것이 명백해지자, 구전으로 가르침을 계승할 필요가 없어졌고 고대의 기억술도 자연스럽게 그 자취를 감추게 된 것이다. 책장에 꽂혀 있는 책을 꺼내들기만 하면 금방 알 수 있는 것들을 굳이 외울 필요가 없다고 생각한 것이다.

그러나 아주 중요한 사실 하나를 놓치고 말았다. 고대 시스템을 사용하지 않게 된다면 막대한 양의 내용을 기억하는 기술뿐만이 아니라 아주 사소한 것들을 외우기 위한 기억 훈련법까지 완전히 사라지고 만다는 사실이다. 그로 인해 뛰어난 기억력을 가진 사람들을 호기심어린 눈초리로 바라보는 상황이 되어버린 것이다. 뿐만 아니라 기억력이 뛰어난 사람은 정상이 아니고, 기억력이 나쁜 많은 사람들이 오히려 자연스러운 인간의 모습이라고 여기게 되었다.

그러나 그들은 '인간은 누구나 지금보다 기억력을 훨씬 향상시킬 수 있다.' 는 사실을 깨닫지 못하고 있다. 물론 선천적으로 남들보다 기억력이 뛰어난 사람도 있지만 기억력이 나쁜 사람이라 할지라도 적절한 훈련의 반복으로 선천적으로 뛰어난 기억력을 가진 사람을 능가할 수 있다.

「누적시스템」이란 무엇일까?

이 시스템이 다른 훈련법과 다른 점은 외우기 쉬운 것이나 이미 기억 속에 정착되어 있는 것과의 연관성을 이용한 기억방법이라는 것이다. 두뇌 훈련을 통해 강화시킴으로써 원하는 것은 뭐든 기억을 할 수 있으며, 기억된 것은 의지의 힘으로 언제든지 원하는 대로 떠올릴 수 있게 하는 것이 목표이다.

이 시스템의 장점 중에 하나는 실천을 하면서 귀중한 정보와 지식을 기억 속에 입력할 수 있다는 점이며, 도움이 되면서도 재미있는 것들을 기억 속에 입력하면서 기억력 자체를 향상시킬 수 있다는 점이다. 이 시스템의 핵심은 단순히 장편의 시나 연설의 내용을 암송하는 것에 그치지 않고, 훈련을 통해 기억력 자체를 향상시키는 점이라는 것을

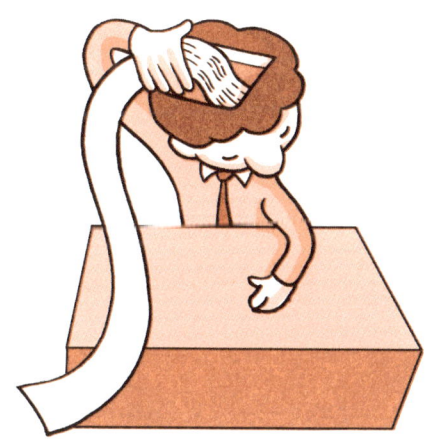

잊어서는 안 된다.

받아들인 이미지를 마음 속에 보관하는 능력을 향상시키는 것은 물론이며 기억했던 내용을 쉽게 떠올리는 능력도 향상시킬 수 있다. 이 시스템을 성실하게 배우고 실천하면 다음과 같은 효과를 얻을 수 있다.

- 배운 것은 쉽게 외울 수 있으며, 기억 속에 오래 저장되어 쉽게 떠올릴 수 있다.
- 어떤 대상이든 기억하는 능력이 착실하고 현저하게 증가해 간다.
- 어떤 대상이든 의지의 힘으로 떠올릴 수 있는 능력이 눈부시게 발전한다.

〈누적시스템〉의 기반이 되는 것은 '기억하는 능력과 떠올리는 능력은 단계를 거쳐 훈련과 꾸준한 반복을 통해 크게 향상될 수 있다.'라는 사고방식이다.

기억의 대상은 흥미를 느끼고 있는 것이나 즐겁게 여겨지는 것을 선택하라. 적당한 분량에 본인이 좋아하는 시가 좋을 것이다. 그밖에도 구약성서의 잠언이나 시편도 좋을 것이고, 사람에 따라서는 시보다 성서의 시가詩歌를 외우는 것이 쉬울 수도 있다.

먼저 성서의 시편 한 구절이나 시의 한 구절을 외우는 것부터 시작하자. 시의 경우에는 6행을 최대의 기준으로 정한다. 만약 그보다 길거나 짧으면 끊어서 외우는 것이 좋을 것이다.

★첫째 날

처음 한 구절을 술술 암송할 수 있고 모든 부분을 완벽하게 이해할 수 있을 때까지 훈련한다. 음독을 하면서 음의 울림뿐만이 아니라 단어, 구성, 의미 등을 시각적으로 받아들인다. 쉽게 말하면 그 시에 대해 '공부' 하는 것이다. 이것이 첫째 날의 작업이다.

★둘째 날

전날 외운 한 구절을 음독하여 복습한다. 그런 다음 첫날과 마찬가지 방법으로 다음 한 구절을 외워서 첫 구절과 함께 복습한다.

★셋째 날

전날 외운 두 구절을 복습하고 세 번째 구절을 외운 뒤에, 전날 외운 두 구절과 연결해서 함께 복습한다.

이런 식으로 한 달 동안 매일 한 구절씩 늘려가면서 외우고, 전체를 몇 번이고 반복해서 복습하는 훈련을 계속한다. 꾸준한 복습이 중요하다는 것은 아무리 강조해도 부족함이 없다. 이 시스템에서 가장 중요한 것은 복습이기 때문에 절대로 복습을 게을리 해서는 안 된다. 구절을 하나씩 늘려가면서 외우는 훈련을 통해 기억하는 능력이 향상된다.

그리고 항상 복습하는 습관을 통해 원하는 것은 원활하게 기억해 낼 수 있는 능력의 훈련도 병행한다. 선명한 이미지를 머리 속에 받아들이는 것만으로는 충분하지 않고, 잠재의식의 저장고에 보관되어 있는 장소를 찾아내고 불러내는 것이 무엇보다도 중요하다. 매일 반복적으로 떠올림으로써 그 내용에 대해 정통精通해짐과 동시에 저장고에 보관되어 있는 것을 찾아내서 필요할 때 현재의식으로 불러내는 요령을 터득하는 것이다.

  아마도 처음에는 기억이 나지 않는 단어와 문장들을 책으로 확인하는 일이 많을 것이다. 이것은 금방 극복할 수 있는 것이니 의욕을 잃지 않도록 한다. 외우기 힘든 단어나 문장을 억지로 떠올리려고 불필요한 기억력을 소모하지 말고 책을 펼쳐 그 구절을 외우기 바란다. 기억이 나지 않는 단어를 생략하거나 정확한지, 자신이 없는 채로 지속하지 말고, 필요할 때면 몇 번이라도 책을 펼쳐 확인하자. 대충대충 얼버무리지 말고 적혀 있는 내용을 정확하게 재현할 수 있도록 신중을 기해 주길 바란다. 처음부터 이런 마음가짐을 가지고 시작한다면 결국은 습관이 몸에 배이게 될 것이다.

하루라도 게으름을 피우지 말 것

  며칠 간격으로 많은 것을 외우기보다는 하루에 몇 줄씩 꾸준히 외우는 것이 효과적이다. 매일 빠짐없이 훈련을 함으로써 의지와 기억력이 동시에 향상된다. 이 훈련을 꾸준히 지속하면 의지의 힘이 커지고 있다는 것을 실감할 수 있으며, 그 힘은 다른 일을 할 때도 많은 도움이 된다.

 두 달째에 접어들면 하루 한 구절에서 두 구절로 늘려간다. 하루 두 구절을 외운 뒤 지금까지 외웠던 것, 다시 말해 처음 한 달 동안 외웠던 구절에 하루 두 구절씩 늘려가는 방식으로, 외웠던 구절에 더해가면서 복습을 하는 방법을 한 달 동안 지속해 준다. 두 달째의 작업이 한 달째와 비교해서 그리 어렵게 느껴지지 않을 것이다. 하루 두 구절을 외우는 책임량이 하루 한 구절을 외우는 것과 별 차이 없이 쉽게 느껴질 것이다. 이것은 암기할 양이 늘어날 것을 기억력이 미리 대비하고 있기 때문에 하루 두 구절, 혹은 네 구절이라도 즐겁고 쉽게 외울 수 있는 것이지만, 반드시 하루 두 구절을 엄수하고 너무 무리해서 앞서나가서는 안 된다.

 이 시스템은 단계를 거쳐 서서히 진행하는 방법으로, 마치 자연이 만물을 키워나가듯이 개개인의 능력을 끌어내야만 효과를 거둘 수 있다. 그리고 반드시 기억해야 할 것은 기억력을 향상시키는 비결은 복습에 있다는 점이다.

 석 달째에는 매일 세 구절로 늘려 외우고, 지금까지 외웠던 것들도 함께 복습하는 방식으로 진행한다. 물론 하루에 몇 구절씩 점차적으로 늘려가는 데는 한계가 있는데, 그것에 대해서는 뒤에서 이야기하도록 하겠다. 최대치가 어느 정도인지는 개인마다 차이가 있지만 아무리 느린 사람이라 할지라도 단계를 거쳐 서서히 진행해 나간다면 어렵지 않게 큰 성과를 기대할 수 있다.

시작하고 몇 달이 지나 복습하는 시간이 너무 많이 걸린다는 생각이 들었을 때는 새로운 구절을 외우지 말고 복습에 전념한다. 하루 중에 자유로운 시간을 골라 전체를 한꺼번에 복습할 수 없다면 이틀에 걸쳐 반반씩 복습하는 방식으로 진행한다.

추가하는 구절을 외우는 작업에 실증이 느껴졌을 때도 한동안 새로운 구절을 추가하지 말고 복습에 전념하라. 이 훈련에 소비하는 시간을 모두 복습에 할애하라. 머리 속에 이미지를 받아들이는 기능이 작동을 하지 않더라도 이미 기록된 것을 떠올리는 기능은 만전의 태세를 갖추고 있다가 작동을 하는 경우도 있다.

정말 중요한 것은 무엇일까?

본인에게 잘 어울리는 방법은 자연스럽게 알 수 있게 된다. 복습을 게을리 하지 않는 습관을 지키기만 한다면 이 책에서 제시한 계획에 따라 능력을 향상시킬 수 있으므로 복습작업은 단축하거나 생략해서는 안 된다. 단축하고 싶다면 외우는 작업이지 복습작업은 아니다. 기억력의 증강에 있어 꾸준한 복습은 없어서는 안 되는 작업이다. 처음에는 따분하게 느껴지겠지만 얼마 되지 않아 즐겁게 느껴질 것이다. 바로 이 '즐거움'이라는 감각이 본인의 마음 속에서 점점 부풀어 오르고 있다는 것을 자각할 수 있어야만 훈련이 더 없이 즐거워질 수 있다.

이 훈련 전체를 실행에 옮길 시간이 없는 사람은 짧은 시를 똑같은 방법으로 외워서 술술 암송할 수 있게 되면 다음 단계로 옮겨 시간과 주의력을 모두 그 시에 쏟아 주어라.

두 번째 시를 다 외웠으면 처음 외웠던 시로 돌아가 복습을 한다. 이미 외운 시는 시간이 나는 대로 틈틈이 복습을 하고, 정해진 훈련 시간에는 새로 외운 시를 복습하는데 전념하라. 과거에 외운 것들을 자주 떠올리며 기억을 되살리는 기능을 활용하라. 이 기능은 쓰면 쓸수록 향상이 된다.

외우고 있는 내용에 흥미를 잃었다면 기분전환 삼아 한동안은 다른 성질의 소재로 바꾼다. 단, 가끔씩은 처음 외웠던 소재를 복습해야 한다는 것을 잊어서는 안 된다.

시 속에는 다른 구절보다 외우기 쉬운 구절과 어려운 구절이 있지만, 어려운 구절이라고 해서 요령을 피워서는 안 된다. 오히려 어려울수록 시간과 주의력을 기울일 수 있도록 해준다. 어려운 구절에서 전진을 하지 못하는 데는 나름의 이유가 있기 때문에 그것을 극복할 수 있을 때까지 작업을 지속하면 암기 능력, 혹은 기억해 내는 능력에 관한 자신의 약점이 개선되는 것은 물론이고 정신력까지 강해질 수 있다.

몇 달 동안 이 시스템을 실행하면 복습의 빈도를 줄이더라도 쉽게 기억 속에 저장할 수 있게 된다. 그러면 기억 속에 확실히 각인된 것을 가끔씩 복습하면서 발전 정도에 따라 계획을 수정해도 좋다. 그리고 기억을 떠올리는 기능이 녹슬지 않도록 매일 조금씩이라도 복습을 해두는 것이 현명한 선택이다.

이제 한 번에 외울 수 있는 줄이나 구절의 개수가 더 이상 늘지 않는 한계에 달했을 때가 찾아올 것이다. 하루에 외울 수 있는 구절의 수를 매달 늘려가는 작업을 영원히 지속할 수는 없다. 한계에 도달했을 때는 하루에 외우는 구절을 더 이상 늘리지 말고 그 양을 유지하도록 한다. 외우고 복습하는 작업은 계속 지속하면서 행과 구절의 수는 자신이 쉽게 외울 수 있는 상한선에서 멈춰라.

이 훈련의 주목적은 많은 양을 처리하는 것이 아니라 당신의 능력을 계발하고 향상시키는 점에 있다는 것을 잊어서는 안 된다. 외우는 양 늘리기를 한동안 멈추면 어느 날 갑자기 지금까지보다 훨씬 많은 양을 외울 수 있게 되는 경우도 있다. 그러나 그것은 그다지 중요한 것이 아니다. 그것과는 상관없이 기억해 낼 수 있는 능력이 꾸준히 향상되어 그 끝이 없을 것처럼 느껴질 것이다.

하나의 대상을 완전히 외운 다음에는 새로운 것에 도전한다. 열 가지를 대충 아는 것보다는 하나를 확실히 아는 것이 좋다. 눈앞의 구절을 완전히 자신의 것으로 만들기 전까지는 다음 구절로 옮겨서는 안 된다.

초조함은 금물이다. 천천히 시간적 여유가 필요하다. 처음부터 너무 욕심을 내서는 절대로 안 된다. 가장 실패를 많이 하는 이유는 의욕이 너무 앞서 뛰어가다가 그리 멀리 가지 못한 채 지쳐버리고 만다. 자신을 억제하고 식물이 씨앗에서 싹을 틔우고, 줄기를 뻗어 잎이 맺히고, 잎에서 꽃이 피어나는 것과 마찬가지로 자신의 능력을 자연스럽게 향상시켜 나아가야 한다.

의욕이 없고 지쳤을 때는 이 훈련을 잠시 쉬도록 하라. 그런 상태에서는 이미지를 선명하게 받아들이거나 또렷하게 기억을 떠올릴 수도 없다. 이 훈련을 하는 가장 좋은 시간이 오전 중이라고 하는 사람이 많은 것은 주의력이 산만하지 않아서 일 것이다.

── 레슨9의 정리 ──

☐ 기억력 훈련을 할 때는 근육과 몸의 일부를 단련시키는 것과 마찬가지로 초조해 하지 말고 간단한 운동을 꾸준히 반복할 것.

☐ 〈누적시스템〉의 기초가 되는 것은 '기억하는 능력과 기억을 떠올리는 능력은 단계를 거쳐 꾸준한 훈련과 복습에 의해 큰 폭으로 향상된다.'라는 사고방식.

LESSON 10
열가지 질문 시스템

LESSON 10

열 가지 질문 시스템

모든 사람에게는 잠재의식의 저장고에 수많은 종류의 막대한 정보와 지식이 쌓여 있다

쉽게 말해서 설령 아주 적은 양이라 할지라도 자신의 주의와 흥미를 끌었던 대상이나 생각은 하나도 남김없이 알고 있다는 것이다. 물론 그런 지식의 성질과 양은 대상물에 얼마나 많은 주의력을 쏟았는지, 과거에 얼마나 많은 관찰 기회를 가졌는지에 따라 크게 달라진다.

그러나 아무리 주의력이 산만하고 관찰의 기회가 한정되어 있다고 하더라도 중요한 정보는 보관되고 있다. 정작 당사자만이 그 존재를 깨닫고 있지 못할 뿐이다. 정보는 자동적으로 보관되고 보관된 정보가 필요한 상황이 되면 자연스럽게 일상생활 속에서 표출되기 때문에 굳이 기억을 떠올리려고도 하지 않는 것이다.

지적인 접근을 통해 보관된 정보에 가끔씩 빛을 비추기만 한다면 기억을 떠올리는 능력이 향상되고, 지적 범위가 넓어지며, 이론적인 사고력과 비교능력이 향상되는 등의 형태로 두뇌의 훈련이 됨과 동시에 온갖 테마에 '정통' 할 수 있게 된다. 보관되어 있는 정보를 불러내면 그 정보를 분류하여 올바른 순서대로 정돈하고 비교한 뒤, 연관성을 검토하여 결론을 이끌어내도록 두뇌의 온갖 기능을 활용하게 만들어서 두뇌가 향상되는 것이다. 그러나 대부분의 사람들은 돈을 있는 대로 쌓아놓기만 하고 전혀 쓰지 않는 수전도와 같다.

잠재의식의 저장고에 보관된 정보가 훗날 활용되는 예를 들어보자.

프랑스의 작가 알렉상드르 뒤마의 유명한 소설 『몬테크리스토 백작』 중에는 과거에 보관된 정보를 이용하는 작업이 등장한다. 늙은 정치범인 파리아 신부는 오랜 세월 독방

생활을 하고 있었는데, 억울한 죄를 뒤집어쓴 에드몽 단테스와 친하게 지내며 단테스의 복수를 돕기 위해 이미 오래전에 저장되었던 지식을 되살려 단테스를 교육시킨다. 단테스에게는 강한 주의력과 흥미를 이끌어내는 총명함은 있었다. 배움이 없었던 그를 지적이고 교양이 넘치는 남성으로 키우는 늙은 신부는, 평생을 걸쳐 배우고 머리 속에 보관했던 것을 그를 위해 되살려낸다. 물론 이 이야기 자체는 완전히 소설이다. 그러나 같은 상황에 같은 인물이라면 불가능할 것도 없다.

보관된 이미지를 부활시키면 또 다른 효과도 얻을 수 있다. 그것은 바로 되살아난 이미지와 생각에 대한 흥미가 생기기 때문에 그 다음부터는 마음이 그 대상물에 대한 이미지를 민감하게 받아들이게 된다. 그 결과 대상물 자체에 관한 정보와 연관성이 있는 모든 것에 대한 정보가 비약적으로 늘어나게 된다. 외부로부터 받는 자극 때문에 정신이 산만해지지 않을 장소나 혹은 정신력으로 외부의 이미지를 차단하고 대상물에 주의력을 집중시키는 것만으로도 흥미로운 이미지나 막대한 양의 중요한 정보가 현재의식의 영역으로 되살아난다. 따라서 이미지를 되살려내기 위해 체계적인 계획을 실천한다면 기억을 되살리는 능력이 훨씬 향상됨과 동시에 체계적으로 생각하는 능력, 구분능력, 분석능력 등도 함께 발전될 수 있다.

'이미지를 부활시키기' 위한 시스템

이것은 '열 가지 질문 시스템' 이라고 불리는 것이다. 나 자신은 물론 내가 지도해 온 수많은 사람들이 자주 활용하는 방법이다. 이 시스템은 간단하면서도 효과가 높기 때문에 지속적으로 이용한다면 투자한 시간과 노력을 반드시 보상받을 수 있다. 다방면으로 두뇌를 활성화시켜줄 매우 효과적인 방법이다.

'열 가지 질문 시스템' 은 말 그대로 열 가지 질문으로 구성되어 있다. 생각하고 있는 것에 대해 열 개의 질문을 하고 그것에 대답하기 위해 보관되어 있던 이미지 모두를 현재의식의 영역으로 끌어냄으로써, 생각했던 것에 대하여 머리 속에 보관되어 있는 정보들이 하나도 남김없이 활동을 시작하게 된다. 이 시스템의 개요는 다음과 같다. 첫 질문으로 테마를 분명하게 한 뒤, 나머지 아홉 개의 질문을 하나씩 자문자답해 나가는 방식이다.

생각하고 있던 것에 관한 열 가지 질문

1. 그것의 유래, 혹은 기원은?
2. 그것은 어떤 이유에서 시작 되었는가?
3. 그것은 어떤 역사가 있는가?
4. 그것은 어떤 성질, 개성을 가지고 있는가?
5. 그것을 연상시키는 것과 연관성이 있는 것은 무엇인가?
6. 그것을 어떻게 활용할 것인가?
7. 그것은 무엇을 표출하고 있는가?
8. 앞으로 어떤 결과, 무슨 일이 일어날 것인가?
9. 그것은 최종적으로, 혹은 앞으로 어떻게 될 것인가?
10. 그것에 대해 당신은 어떻게 생각하며, 그 이유는 무엇인가?

이 '열 가지 질문 시스템'을 실행하면 생각하고 있던 것에 관한 과거의 이미지들이 모두 모습을 드러냄과 동시에 그 이미지를 분류, 정리하고 음미하여 온갖 특징들을 명백히 밝혀야할 필요가 있다. 다시 말해서 기억을 떠올리고, 생각하고, 조사하고, 관찰하는 능력이 향상되는 것이다. 각각의 질문이 힌트를 제공해 주기 때문에 질문이 끝난 다음에는 생각하지도 못했던 수많은 정보를 얻을 수 있을 것이다. 더 나아가 열 가지 질문이 머리 속에 자리를 잡게 되면 무엇을 관찰하든 간에 자연스럽게 '열 가지 질문 시스템'을 따라 생각하게 된다.

언뜻 보기에 너무 단순하다고 해서 시험조차 해보지 않고 이 시스템을 무시해서는 안 된다. 적절한 상황에서 단 한 번만이라도 시험해 본다면 그 결과를 실감할 수 있을 것이다. 두 말할 필요가 없겠지만, 머리가 이 시스템에 익숙해지기만 한다면 질문에 대답하는 훈련이 거듭될 때마다 이미지를 되살려내는 능력도 착실하게 향상된다.

이번 주에는 어떤 하나의 테마를 설정하고 '열 가지 질문 시스템'을 응용한 다음 일주일 뒤에 다시 같은 작업을 반복해 보라. 그 테마에 대한 이미지의 양이 큰 폭으로 늘어나면서 발전된 자신을 발견하고 놀라게 될 것이다. 그 이유는 질문을 함으로써 거대한 저장고의 깊숙한 곳에 감춰져 있던 보물을 찾아내는 잠재의식의 일꾼들이 왕성한 작업을 시작한 덕분이다. 당신의 질문을 의지로부터의 명령으로 받아들이고, 현재의식이 다른 일로 바쁜 동안에도 작은 일꾼들이 자신에게 주어진 임무를 충실하게 수행하고 있었던 결과이다.

조각조각으로 나누어 분석해 볼 것

무언가를 암기하고 싶을 때 그 대상을 하나하나 '분해' 해 보면 잘 되기도 한다. 쉽게 말해서 철저하게 분석하여 각 조각 별로 세밀하게 검증함으로써 전체를 파악 하는 것이다. 이렇게 머릿속으로 분석을 하게 되면 온갖 기능들이 활동을 시작하여 나중에 떠올리기 쉬운 선명한 이미지를 받아들이게 된다.

약간의 분석 작업을 통해 대상의 의미가 명확해지며 마음이 대상을 파악하기 쉬워지면서 확실하게 이미지를 유지해 준다는 것을 알 수 있다. 대상을 섬세하게 조사하는 최고의 방법은 대상에 대해 질문을 하는 것이다. 어떤 테마에

대하여 스스로에게 질문을 던지는 것이다. 어떤 대상을 확실하게 마음 속에 각인 시키는 최고의 방법은 그 대상이 가지고 있는 의미 전체를 이끌어 낼 수 있도록 계산된 질문을 스스로에게 던지는 것이다.

누구나 알고 있는 시를 인용해서 구체적으로 설명하겠다.

The curfew tolls the knell of parting day,
저녁 종은 저물어 가는 날을 알리는 조종(弔鐘)을 울리고

The lowing herd wind slowly o'er the lea,
음매 음매 울어대는 소떼는 풀밭 위로 구불구불 걷는다

The ploughman homeward plods his weary way,
농부는 집을 향해 지친 길을 터벅터벅 걸으며

And leaves the world to darkness and to me.
이 세상엔 어두움과 나만이 남는구나

Now fades the glimmering landscape on the sight,
이제 눈앞에 어른거리는 정경도 사라지고

And all the air a solemn stillness holds,
숙연한 정적이 누리를 감싼다.

Save where the beetle wheels his droning flight
다만 풍뎅이 붕붕거리며 맴돌고

And drowsy tinklings lull the distant folds
졸리운 방울 소리가 먼 양우리를 잠재우는 곳을 빼놓으면.

-토마스 그레이

이제 분석을 해보자.

- 저녁 종은 무엇을 하고 있나? → 저물어 가는 날을 알리는 조종을 울리고 있다.
- 무엇이 저물어 가는 날을 알리는 조종을 울리고 있나? → 저녁 종이다.
- 저녁 종은 무엇을 알리고 있나? → 저물어 가는 날을 알리는 조종소리이다.
- 저물어 가는 날의 어떤 조종소리인가? → 저물어 가는 날을 알리는 조종소리이다.
- 저녁 종은 무엇을 알리는 조종소리를 울리고 있나? → 저물어 가는 날을 알리는 조종소리이다.

이 문장에서 '움직임이 있는' 단어는 당연히 '울리다' 라는 동사이고, 그 밖의 단어들은 이 동사에 의존하고 있다. 기본적으로 주의력은 움직이지 않는 것보다는 움직이는 것에 끌리기 때문에 동사의 움직임이 마음 속에 각인된다면 다른 단어는 연관성의 법칙에 의해 동사와 이어진다. 동사의 의미를 마음속으로 '연상' 하면 기억하기 쉬워진다. 무언가를 외울 때는 이 분석 방법을 이용해서 그것이 의미하는 것을 하나도 남김없이 조사해 보면 단순화된 많은 사실들을 이끌어낼 수 있다.

---- 레슨10의 정리 ----

□ '열 가지 질문 시스템'이란, 생각하고 있는 것에 대하여 열 개의 질문을 하고 자신이 가지고 있는 정보를 활동하게 하는 방법.

□ 주의력은 움직이지 않는 것보다는 움직이는 것에 더 끌린다.

LESSON 11
숫자와 이미지

숫자와 이미지

숫자에 대한 기억력은 사람에 따라 차이가 있다

그 차이는 숫자에 관한 능력의 발달에 차이가 있기 때문이다. 이 능력이 매우 발달한 사람들은 모두 예외 없이 숫자와 그에 관련된 것이라면 모두 선명하고 지속성이 있는 이미지를 보관할 수 있으며, 반대로 이런 능력이 떨어지는 사람은 숫자와 관련된 것이라면 무엇이든 잘 기억하지 못한다.

후자에 해당하는 사람들은 적극적으로 숫자를 접촉하여 숫자에 관한 능력을 향상시켜야 하는데, 그 중에서 가장 효과적인 방법은 암산이다. 만약 당신이 후자에 해당한다면 초등학교 참고서로 이용되는 초보적인 암산 책을 사도록 하라. 매일매일 한 단원씩 훈련을 한다면 단기간 내에 숫자에 대한 흥미가 생겨서 이전보다 훨씬 기억하기 쉬워졌다는 것을 깨닫게 될 것이다. 가장 큰 효과를 거둘 수 있는 것이 바로 이 훈련이다. 이렇게 해서 향상된 능력은 평생 쇠퇴하지 않고 발달을 거듭하여 숫자는 물론 그와 관련된 모든 것을 선명한 이미지로 기록할 수 있게 된다.

연호를 잘 외우지 못한다면?

 날짜와 연호를 잘 외우지 못하는 사람은 중요한 인물이나 사물을 연호와 결합하여 멘탈 이미지를 그려내는 방법이 효과적이다. 예를 들어 콜럼버스가 아메리카 대륙을 발견한 연도를 외우고 싶다면 신대륙 해안에 서 있는 콜럼버스의 머리 위에 '1492'라는 숫자가 떠 있는 멘탈 이미지를 연상한다. 미합중국 독립선언 연호를 외우고 싶다면 선명한 색깔로 '1776'이라고 적혀 있는 자유의 종을. 남북전쟁이 시작된 해라면 벽면에 커다랗게 '1861'이라고 적혀 있는 섬터(Sumter)요새를. 나폴레옹이 죽은 해라면 '1821'이라고 새겨있는 나폴레옹의 비석을 마음속으로 떠올린다.

 멘탈 이미지를 연상할 때는 커다란 글자로 연호를 종이에 적고, 눈은 똑바로 숫자를 응시하여 연호를 중심으로 이미지를 만들어 나간다. 그 다음 눈을 감은 뒤 종이에서 얼굴을 돌려 그 이미지에 대한 인상을 되살린다. 이것을 몇 번이고 반복하다보면 숫자에 대한 기억이 마음 속에 또렷하게 각인될 것이다.

 한 초등학생 사내아이는 역대 대통령들의 임기 시작과

끝나는 해를 역사 교과서에 실려 있는 각 대통령 사진의 얼굴에 연호를 적어놓고 외웠다. 선생님께는 혼이 날지 몰라도 아주 효과적인 방법이다. 평균적인 사람이라면 확실하게 멘탈 이미지를 연상할 수 있으며 사람이나 사물과 조합된 숫자의 강한 이미지가 보관된다면, 그것은 영구적으로 지워지지 않은 채로 그 중심이 되는 것을 떠올리기만 해도 연관된 이미지가 반드시 나타날 것이다.

이 방법은 '눈의 기억력'이 뛰어난 사람에게 대단히 효과적이다. 그러나 사람에 따라서는 '귀의 기억력'이 훨씬 좋은 경우도 있는데, 그럴 경우에는 연호를 반복해서 소리를 내어 나중에 떠올리기 쉽도록 그 소리를 기억 속에 각인시키는 것이 좋을 것이다. 다른 사람이 연호를 읽어주면 훨씬 효과가 커진다. 간단한 박자에 맞춰 기억 속에 심어 주는 것이 가장 외우기 쉽다고 하는 사람도 있다. 몇 가지 예를 들어보기로 하겠다.

평균적인 초·중학생이라면 이정도의 리듬 정도는 만들어 낼 수 있기 때문에 수많은 중요한 연호와 사건들을 이 방법으로 쉽게 암기할 수 있다.

그러나 여기서 열거 했던 기억술 중에서 가장 추천하고 싶은 것은 처음에 소개했던 연호와 관련된 인물이나 사물과 조합해서 연호의 숫자를 '시각화' 시키는 것, 다시 말해면 멘탈 이미지를 연상하는 방법이다. 이것은 생각보다 간단하기 때문에 조금만 연습하면 거의 무의식적으로 가능해진다. 역사적인 사건의 멘탈 이미지를 연상하면 그 사건의 중심인물이 곧바로 머리 속에 떠오를 것이다.

중요한 연호를 많이 외워야 하는 경우에는 이미지의 '연관성 법칙'을 이용해서 인물과 사건의 명칭을 연호와 결합시키는 것이 좋을 것이다.

> **ex**
> '워털루 전쟁 1015' → 나폴레옹이 대패한 곳.
> '요크타운 전투 1781' → 미국 독립전쟁의 종전으로 이어진 전투.
> '헤이스팅스 전투 1066' → 노르만 군이 영국을 정복한 전투.

이런 식으로 전투 연호가 사건 자체와 이어지면서 두 개의 이미지가 일체화 된다. 물론 일체화 된 이미지를 마음 속에 각인시키기 위해서는 사건과 연호를 계속해서 복습할 필요가 있다. 사건과 연호를 처음부터 이런 형태로 연결시켜 놓는다면 '워싱턴' 하면 '조지', '나폴레옹' 하면 '보나파르트'가 곧바로 연상되는 것과 마찬가지로 물 흐르듯이 연상될 것이다.

가령 내가 '워싱턴'이나 '나폴레옹'이라는 이름밖에 들은 적이 없고, 그 선명한 이미지가 완전히 마음 속에 각인된지 꽤 오랜 시간이 흐른 뒤에 워싱턴의 성이나 나폴레옹의 성을 알게 되었다면, 나중에 알게 된 이름이 잘 기억나지 않는 경우는 있을 것이다. 그러나 성과 이름을 함께 배웠기 때문에 그 두 가지는 실질적으로 기억 속에 하나로 보존되게 된다. 만약 선생님이 항상 '워털루 전쟁 1815'라고 말해 준다면 학생들은 전투의 이름을 잊지 않는 이상 연호도 잊지 않을 것이다.

상품의 가격도 마찬가지

연호에 관한 내용에서 다루었던 숫자를 어떤 대상과 조합해서 멘탈 이미지를 연상하는 방법은 상품의 가격을 외워야 하는 점원이나 판매원에게 있어 큰 도움이 되는 방법이다. 대부분의 경우 점원들은 상품에 매겨져 있는 가격을 실제로 눈으로 확인한 다음 상품에 눈길을 줄 때마다 이미지를 연상하고 있을 것이다.

젊었을 때 대형 식료품 매장에서 근무했던 한 남성은 진열대에 새로운 상품이 진열 될 때마다 멘탈 이미지를 연상한 덕분에 가격이 명확하게 기록되어 있는 모습으로 상품을 기억하고 있었다. 예를 들어 '초콜릿'의 가격을 물으면 포장지에 가격이 적혀 있는 '초콜릿'을 연상하는 방법인데, 실제로도 상품에 전혀 눈길을 주지 않고 수천가지가 넘는 모든 종류의 상품에 대한 가격을 완벽하게 파악하고 있었다. 가격이 변경되면 바로 멘탈 이미지에서 낡은 숫자를 지우고 새로운 가격으로 바꾸었는데, 20년 이상의 세월이 흘렀어도 과거에 근무했던 가게의 상품과 가격을 거의 기억할 수 있다고 한다. 이 남성은 장소에 대한 인지능력이 발달했기 때문에 가게 진열장의 가격들이 당시 상황 그대로 진열되어 있는 모습을 멘탈 이미지로 재현할 수 있다고 한다. 상품의 겉모습과 가격을 명확하게 조합해 둔다면 상품을 떠올릴 때마다 자연스럽게 가격이 떠오르게 된다. 가격의 숫자 자체가 '마음의 눈'을 통해 마치 실제로 보고 있는 것처럼 될 수 있는 것이다.

그 밖의 숫자에도 활용이 가능하다

연호와 가격이외에도 그 숫자와 자연스럽게 연결된 것이라면 뭐든 함께 조합시켜도 좋다. 적당한 것을 찾을 수 없다면 간단한 '시각화' 방법으로도 충분하다. 이 방법은 실제 사진과 마찬가지로 숫자의 형태와 세세한 부분을 떠올리듯이 마음의 카메라로 숫자의 사진을 찍는 방법이다.

칠판에 흰 분필로 커다랗게 적혀진 숫자를 연상해 보라. '마음의 눈'에 그 숫자가 또렷하게 떠오를 때까지 멘탈 이미지를 떠올려라. 이 능력은 훈련과 함께 성장해 나갈 것이다. 사물과의 조합과는 별개로 '멘탈 이미지'를 이용하는 방법의 이론은 다음 사실에 근거하고 있다.

(1) 영상을 동반하지 않은 단순하고 추상적인 개념보다는 시각적인 이미지가 훨씬 마음 속에 받아들이기 쉽고 보존되기 쉽다.
(2) 숫자와 사물의 연관성이 있는 경우에는 〈연관의 법칙〉에 따라(연호를 포함해서) 멘탈 이미지가 현재의식의 영역으로 들어오기 쉽게 된다.

레슨11의 정리

□ 숫자에 관한 능력을 높이기 위해서는 초등학교 참고서로 이용되는 초보적인 암산을 매일매일 한 단원씩 훈련하는 것이 좋다.

□ 날짜나 연호를 잘 기억하지 못하는 사람은 중요한 인물이나 사물과 연호를 조합한 멘탈 이미지를 연상하는 방법이 효과적이다.

LESSON 12
길을 헤매지 않는
사람이 되기

길을 헤매지 않는 사람이 되기

당신은 자주 길을 헤매는 사람인가?

세상에는 지리감각이 매우 달달해서 처음 가는 곳에서도 본능적으로 길을 잘 찾는 사람이 있다. 이런 사람들은 절대로 길을 헤매는 일이 없이 마치 머리 속의 나침반을 따르듯이 자연스럽다. 지역, 방향, 위치, 그리고 자연이 만들어낸 공간과 장소를 기억해 낼 수 있는 사람들이다.

보통 사람들은 이런 사람들처럼 지리 감각이 발달하지 않았으며, 개중에는 방향감각이 거의 없는 사람도 있어서 목적지에 도착할 때까지 힘겹게 고생을 하며 언제나 길을 헤매기 마련이라 처음 가는 곳에서는 자신의 감에 절대로 의지할 수 없다.

다른 감각과 마찬가지로 지리감각도 적절한 훈련과 연습으로 향상시킬 수 있다. 지리감각이 충분히 발달하지 않으면 지역과 장소와 같은 것에 전혀 흥미를 느끼지 못해 주의력을 기울이지 않기 때문에, 이에 관한 기억력이 부족하여 기록된 이미지 또한 흐릿하고 불완전한 것이 된다.

지역, 장소, 방향 등을 잘 기억하지 못하는 사람은 지리감각을 훈련해야만 한다. 그러기 위해서는 먼저 지역과 방향에 흥미를 가지는 일부터 시작해야 한다. 필요한 것은 주의력을 기울이는 것과 관찰하는 것이다. 흥미가 없으면 아무것도 할 수 없다. 걸음을 멈추고 주위를 둘러본 뒤 어떤 표식들을 지나쳐왔는지, 어느 방향에서 왔는지, 도중에 어떤 것들과 마주쳤는지를 확인한다.

주변을 둘러보고 확실하게 보는 것이 중요하다. 도심 속에 있을 때는 빌딩 모퉁이의 간판에 주의를 기울인다. 길모퉁이에 서서 자신의 위치를 확인해 준다. 이 작업만 신중히 한다면 점점 흥미가 생겨 즐거워질 것이다. 당신이 지리감각이 떨어지는 사람이라면 지금까지 주변의 것들에 전혀 주의를 기울이지 않고 그냥 스쳐지나갔다는 것을 의미한다. 지리감각이 뛰어난 사람은 주변의 모든 것에 대해 거의 본능적으로 주의를 기울이지만, 당신의 경우에는 올바른 습관이 완전히 정착하여 '제2의 습성'이 될 때까지 의식적으로 주의를 기울이는 일부터 시작해야 한다.

상상 속에서 여러 곳을 여행해 보자

일단 여행 지도를 펼쳐보라. 샘이 시작되는 곳에서부터 강이 끝나는 곳까지 강을 따라 걷고, 선로를 손가락으로 따라가면서 철도여행을 해보자. 집에 있을 때는 지리책을 공부하고 밖에 나가서는 주변에 보이는 것, 방향, 표식이 될 것 등을 확인해 보라.

도심에 살고 있는 사람은 자신이 살고 있는 도시의 지도를 펼쳐 들고 상세하게 조사해 보고 출발지점과 목적지를 정해놓고 지도 위에서 여행을 한다. 지나온 거리의 이름과 그 거리와 교차되는 거리의 이름을 확인하고, 어떤 방향에서 왔는지를 잊어버리지 않도록 한다. 도착하게 되면 '이 모퉁이를 오른 쪽으로 돌았다.' 는 식으로 주의를 기울여가면서 같은 길을 따라 다시 돌아온다.

다음으로 출발지점과 목적지를 바꾸지 않고 다른 길을 따라 지도 위를 여행하고 다시 갔던 길을 따라 되돌아온다. 이 훈련으로 지리감각과 방향감각이 놀랄 만큼 발전할 수 있다. 가끔씩 지도 위에서 이동한 순서대로 거리의 이름을 기억하자. 이 방법으로 자신이 살고 있는 거리에 대해 잘 알 수 있게 된다.

휴일에 먼 거리를 산책하거나 드라이브를 떠나기 전에 지도로 예정 코스를 확인하고 자세하게 조사해 본다. 그런 다음 실제로 여행을 떠나보면 지도에서 예습을 해둔 덕분에 '이곳은 바로 옆길이야!' 라는 식으로 계속해서 아는 길이 나올 것이다. 이런 훈련은 실제로 해보면 정말 재미가 있으며 특히 처음 가보는 곳을 갈 때 효과적이다.

지도를 연구하면서 가끔씩 지도 전체 중에서 부분적으로라도 기억을 하면 더 좋다. 먼저 지도를 보고 세세한 부분을 관찰한 다음 지도를 접어 두고 가능한 많이 명소들을 포함시켜 관찰했던 지도의 대략을 종이위에 적는다. 그런 다음 세세한 부분을 점차적으로 메워간다. 이런 방법으로 지도를 묘사하는 목적은 위치와 방향을 머리 속에 입력하기 위한 것이지 그림 실력을 향상시키기 위한 것이 아니다.

 이 훈련을 꾸준히 지속하면 한동안 지도를 바라본 다음 지도를 접고 눈을 감으면 '마음의 눈'에 지도가 영상처럼 떠오르게 된다. 처음에는 쉽게 멘탈 이미지가 떠오르지 않을 수도 있다. 그리고 다시 눈을 감고 빠진 부분을 멘탈 이미지로 만든 지도에 보충해 넣는다. 몇 번이고 반복하면 충분히 정확한 지도를 종이위에 재현할 수 있게 된다. 초·중

학생들에게는 이렇게 가끔씩 지도의 멘탈 이미지를 활용해서 지리 수업에 도움이 되기도 한다. '○○도의 경계선을 그려 넣어라.'는 문제가 나오면 마음의 멘탈 이미지로 그린 지도를 떠올리며 마치 실제로 지도를 보는 것처럼 정확하게 묘사할 수 있다.

이렇게 지도를 관찰하는 것과 길을 헤매지 않게 되는 것이 언뜻 보기에 아무런 연관도 없는 것처럼 보일 수도 있다. 하지만 지도에 익숙하게 되면 장소에 대한 흥미가 저절로 생겨나면서 지리감각도 예리해진다. 실제로 능력이 몸에 배었는지는 직접 나가서 확인해 보면 쉽게 알 수 있다.

물론 주변에 주의를 기울이면서 자신이 어디를 향하고 있는지를 확인해야 한다는 것을 잊지 마라. 지도로 여행 한 덕분에 그런 작업에도 신선한 흥미를 가지고 접할 수 있을 것이다.

미국인 단체 여행객들이 유럽을 여행하고 있을 때의 일이었다. 단체 중에는 어딜 가더라도 전혀 처음이라고는 생각할 수 없을 정도로 길을 잘 알고 있는 남성이 있었다. 커다란 거리의 이름은 물론이고 명승고적지나 유명한 구조물의 장소, 여기서 저곳을 가려면 어떤 길로 가야 하는지와 같은 모든 정보에 능통해 있었다. 이전에 온 적이 있다고 생각할 수밖에 없었지만 실제로는 그는 해외여행이 처음이었다. 깜짝 놀란 동료들 중에 한 사람이 어떻게 된 일인지를 물었다. 그는 이렇게 말했다.

"예를 들어 어떤 도시를 갈 때면 열차에 타자마자 지도와 가이드북을 꺼내 대략적인 코스 즉 명소, 도로 등을 주의 깊게 살피면서 상세하게 조사를 합니다. 그 중에서도 철도역과 숙박 예정인 호텔 주변에 세심한 주의를 기울입니다. 그런 다음 눈을 감고 예습했던 장소들을 떠올리며 마음속으로 이동을 합니다. 15분에서 30분 정도 이 작업을 해 두면 그 도시의 지리정보에 대해 잘 알 수 있어 어디를 가더라도 자유롭게 됩니다."

그는 이 방법으로 쾰른, 프라하, 빈, 런던, 그리고 파리의 오페라하우스 주변 등에 대해 공부했다고 한다.

흥미를 가지고 지도를 자세히 살핀 뒤에는 지도가 현실처럼 느껴지고, 실제 그 장소와 지도상의 장소가 머리 속에서 확실하게 이어지는 것이다. 이 훈련의 효과는 기억력을 향상시키는 것에 그치지 않는다. 기억력을 좌우하는 선명한 이미지의 기록능력 자체를 향상시키는 것이라는 사실을 잊지 마라.

모든 능력은 흥미를 가지고 활용해야만 향상될 수 있다. 당신 속에 잠들어 있는 모든 능력을 끌어내는 것 또한 이것이 비결이다.

---- 레슨12의 정리 ----

□ 먼저 지역과 방향에 흥미를 갖는 것부터 시작한다. 필요한 것은 주의력을 기울이는 것과 관찰하는 것.

□ 지도를 펼쳐놓고 상상 속에서 여러 곳을 여행해 볼 것(마음의 눈에 지도가 떠오를 수 있도록).

□ 지도를 통한 훈련은 선명한 이미지를 기록하는 능력 그 자체를 향상시켜 준다.

한 문장 명언

인간이 인간다울 수 있는 힘은 그 의지력에 있는 것이지, 재능이나 이해력에 있는 것은 아니다. 아무리 재간이 있고 이해력이 풍부해도 실천력이 없다면 아무 것도 할 수 없기 때문이다. 사람의 의지력이 그의 운명을 만들고 있다.

– 에머슨 –

LESSON 13
사람의 얼굴을 기억하는 방법

LESSON 13

사람 얼굴을 기억하는 방법

사람의 얼굴을 기억하는 것은 상당히 어렵다

처음 만난 사람의 얼굴을 몇 번이고 다시 봐야만 기억을 하는 사람이 많다. 익숙한 얼굴조차 몇 년 동안 안 보면 쉽게 잊어버리는 사람도 꽤 많다. 반면에 한 번 만난 상대의 얼굴을 쉽게 기억하는 사람도 많은데, 마치 일단 기록된 이미지는 영구적으로 지워지지 않고 곧바로 되살아나는 것 같아 보인다.

형사들은 이런 능력이 잘 발달되어 있으며 호텔리어와 같이 많은 사람들과 접촉하는 직업처럼 사람의 얼굴을 기억하는 것이 도움이 되는 직업에 종사하는 사람들 또한 마찬가지이다. 우연히 다시 마주쳤을 때 바로 누군지 알아차리면 '정말 느낌이 좋은 사람이야.' 라고 생각하기 때문에 이것은 정말 훌륭한 재능이다. 반대로 얼굴을 보고도 몰라본다면 상대로부터 반감을 사거나 때로는 상대가 악의를 품는 경우도 있을 수 있다.

얼굴을 기억하는 능력이 떨어진다는 것은 두뇌가 가지고 있는 기능 중에 접촉하는 사람들의 외모와 특징을 인식하는 기능을 적극적으로 활용하지 않고 있다는 것을 반증하는 것이다. 그런 사람은 다른 사람에게 눈길은 주지만 실제로는 봤다고 할 수 없다. 사람의 얼굴에 흥미가 없기 때문에 형식적인 주의를 쏟을 뿐이다. 여기에는 '부족한 흥미는 부족한 주의력을 낳고, 부족한 주의력은 부족한 기억력을 만든다.' 라고 하는 법칙이 작용하고 있다.

이 능력을 향상시키고 싶다면 일단 얼굴을 연구하며 흥미를 유발시키고 주의력을 쏟아야 한다. 그러면 사람의 풍모나 얼굴 생김새에 관찰력을 기울일 수 있어 단기간에 큰 성과를 거둘 수 있을 것이다. 상대의 얼굴을 기억하는 능력이 떨어지는 사람은 입문 수준의 인상학을 공부하는 것도 효과적이다. 사람의 얼굴을 관찰하는 일에 새로운 흥미가 생기면서 결과적으로 얼굴을 기억하는 능력도 훨씬 향상될 것이다.

어떻게 하면 사람의 얼굴을 기억할 수 있을까?

사람의 얼굴과 생김새에 대한 관찰력을 향상시키기 위해 (물론 얼굴에 대한 흥미를 키운 뒤에) 만나는 모든 사람의 얼굴을 관찰하여 머리와 얼굴의 윤곽, 그리고 눈, 코, 턱, 이마의 특징을 머리 속에 기록한다. 그러는 동안 '다음에 만났을 때는 당신이라는 것을 금방 알아 차리겠다.' 라고 생각하면서 관찰하면 정신적 의지가 작용하기 시작하면서 선명한 이미지를 기록해 준다.

사람의 얼굴에 흥미를 가지고 주의력을 집중해서 상대의 얼굴을 관찰한다면 주의력과 기억력을 향상시킴과 동시에 인상학의 지식까지 익힐 수 있어 투자한 시간과 노력에 대해 충분한 보상이 될 것이다. 좀 전에 권했던 것처럼 인상학 입문서를 활용했을 경우에는 더욱 큰 성과를 거둘 수 있을 것이다.

눈앞에 없는 친구의 얼굴 생김새를 떠올릴 수 있는 사람은 그리 많지 않고, 잘 알고 있는 사람의 용모조차도 설명하기 위해 진땀을 흘리는 사람을 보고 있으면 정말 재미있다. 실제로 한 번 해보면 의외로 잘 떠오르지 않는다는 사실에 깜짝 놀란다. 하지만 상대를 만나면 금방 알아 볼 수 있다. 친구의 눈과 코, 입의 특징이 무엇인지 기억을 떠올리면서 설명해 보자.

다음과 같은 것에 주의를 하면서 처음 만난 상대를 관찰해 보자.

- 이마와 머리카락의 경계가 앞쪽인지 뒤쪽인지.
- 이마의 폭은 넓은지 좁은지.
- 눈썹은 짙은지 옅은지, 곧바른지 활처럼 휘었는지, 무슨 색인지.
- 코의 형태는 매부리코인지 오똑한 코인지, 콧날은 똑 바로인지 휘었는지.
- 입은 큰지 작은지.
- 턱수염과 콧수염을 기르고 있는지. 수염을 기른다면 크기와 형태는 어떤지.

　다른 특징에 대해서도 이와 마찬가지로 관찰을 한다. 관찰한 내용은 직장 상사에게 보고를 해야 하고, 보고 내용의 완성도에 따라 당신의 승진이 달려 있다는 생각으로 세세한 곳까지 주의를 기울여 준다. 이렇게 관찰한 얼굴은 절대로 잊을 수 없다. 이런 훈련을 반복하다보면 얼굴을 기억하는 능력을 효과적으로 향상시킬 수 있다. 그리고 얼굴의 특징을 분류하여 관찰하는 습관이 자연적으로 생기게 되는데, 그것은 '얼굴'에 대한 흥미가 커졌기 때문이다. 흥미가 커지면 선명한 이미지를 기록할 수 있으며, 선명한 이미지를 기록할 수 있다면 쉽게 기억을 떠올릴 수 있다.

지금부터는 만난 사람들의 얼굴을 떠올리면서 얼굴의 멘탈 이미지를 연상하는 연습이다.

얼굴의 이미지를 또렷하게 기록할 수 있게 되었다면 만난 사람들의 얼굴에 대한 멘탈 이미지를 몇 번이고 불러냄으로써 상당한 시간이 흐른 뒤에 다시 만나더라도 금방 기억을 떠올릴 수 있게 된다. 몇 번이고 멘탈 이미지를 떠올리는 것은 나를 직접 만나는 것과 거의 같다. 사진이나 그림으로 그려진 사람의 얼굴을 기억하고 멘탈 이미지를 연상하는 것이 얼마나 쉬운 일인지, 그것과 비교해서 실제로 본 얼굴의 이미지를 그대로 머리 속에 유지하고 있는 것이 얼마나 어려운 일인지를 깨닫게 될 것이다. 그러나 모든 것은 습관의 문제이다. 약간의 연습만 한다면 실제로 본 얼굴도 사진 속의 얼굴과 마찬가지로 쉽게 기억할 수 있다.

레오나르도 다빈치는 기억만으로 사람의 얼굴을 그리는 '빠른 스케치'라는 독창적인 능력을 가졌다고 한다. 먼저 얼굴의 각 부분을 생각나는 한 최대한 많은 형태를 그리고 각각에 번호를 매겨 완전히 기억한다. 사람의 얼굴을 관찰할 때는 '4번 턱, 2번 눈, 5번 코…'와 같은 방식으로 조합해서 기억해 두었다가 그것을 떠올리며 캔버스에 재현했다고 한다. 일반적인 사람에게는 이렇게 복잡한 방법은 힘들겠지만, 예를 들어 '매부리코', '주먹코'와 같은 식으로 코를 7단계로 분류해 둔다면 만난 사람의 코를 기억하기 쉬울 것이다. 인상학을 배운 사람들은 각각의 특징에 어떤 의미가 있는지 잘 알고 있기 때문에 더욱 흥미를 가지고 즐겁게 분류작업을 할 수 있다. 얼굴에 관한 뛰어난 기억력의 실례는 다른 레슨에서도 다루었다.

　얼굴을 기억하는 능력은 다른 모든 지적능력과 마찬가지로 훈련을 통해 향상시킬 수 있다. 그 열쇠가 되는 것을 마지막으로 정리해 보자.

사람의 얼굴에 흥미를 갖도록 노력한다. → 얼굴을 관찰한다. → 흥미가 생기면 주의력이 높아진다. → 주의력이 높아지면 기억력이 향상된다.

---- 레슨13의 정리 ----

☐ 부족한 흥미는 부족한 주의력을 낳고, 부족한 주의력은 부족한 기억력을 낳는다.

☐ 얼굴을 기억하는 법칙
사람의 얼굴에 흥미를 갖도록 노력한다. → 얼굴을 관찰한다. → 흥미가 생기면 주의력이 높아진다. → 주의력이 높아지면 기억력이 향상된다.

LESSON 14

사람의 이름을 기억하는 요령

LESSON 14

사람의 이름을 기억하는 요령

사람의 이름을 외우는 데는 요령이 있다

아주 친한 친구의 이름조차 떠올리는데 힘들어 하는 사람이 있는가 하면, 만나는 거의 대부분의 사람의 이름을 놀라울 정도로 잘 기억하는 사람도 있다. 사람의 이름을 기억하는 능력은 비즈니스에서 성공하기 위한 중요한 요소이기 때문에 이 능력을 극대화시킨 사람들의 믿기 어려운 에피소드가 많이 남아 있다.

이 책의 다른 레슨에서 그런 사람들의 실례를 들기도 했지만, 잘 알려진 이야기들이 그 밖에도 수도 없이 많다. 정치가로서 성공한 사람들은 거의 대부분 예외 없이 필요에 의해 이 능력이 발달해 있다.

제임스 블레인(James Gillespie Blaine, 1830~1893: 미국의 정치가)과 헨리 클레이(Henry Clay, 1777~1852: 미국의 정치가로 하원의원과 상원의원을 거쳐 국무장관을 지냄)의 인기를 유지해 준 것도 안면만 있는 사람의 이름을 기억하거나, 단 한 번밖에 만나지 않은 사람에게도 이름을 불러주는 능력이었다. 영국의 역사학자 매콜리(Thomas Macaulay, 1800~1859)는 정치가 토마스 워튼(Thomas Warton, 1728~1790)을 "워튼은 구둣방의 직원에게까지 이름을 불러주니 절대 이길 수가 없었다."라고 평가했다. 나폴레옹은 얼굴과 이름을 기억하는 능력이 뛰어난 덕분에 부하 병사들의 존경을 받았다. 아리스토텔레스도 이름을 기억하는데 뛰어난 능력을 가지고 있었고, 아테네의 정치가 페리클레스는 아테네 시민 전체의 이름을 다 알고 있었다고 전해진다.

이름을 곧바로 떠올리는 사람은 상대로부터 호감을 사기 때문에 강력한 무기를 손에 쥐고 있다고 할 수 있는데, 이 능력을 향상시키는 것은 모든 사람에게 가치가 있는 일일 것이다. 모든 지적능력과 신체의 일부와 마찬가지로 이름을 기억하는 능력도 향상시킬 수 있다. 물론 주의력과 훈련을 통해서 가능한 일이다. 무언가 잘 외워지지 않으면 스스로 기억력이 나쁘다고 한탄만 하며 아무런 개선 노력도 하지 않는 사람이 많다. 서서히 개선을 반복하고 훈련을 지속하여 다시 태어 날 수 있다는 것을 깨닫는 순간 그 사람에게는 엄청난 가능성의 문이 열릴 것이다.

이름을 기억하는 능력을 향상시키기 위해 가장 중요한 것은 당연히 선명한 이미지를 기록하는 것이다. 소개를 받은 사람의 이름을 몇 번이고 소리를 내서 불러봄으로써 이름 전체의 막연한 이미지와 함께 귀가 기억한 소리의 이미지를 몇 번이고 각인시키는 것은 아주 효과적인 방법이다.

사람들 대부분의 문제점은 만난 사람의 이름에 대해 생각하지 않는다는 것이다. 들은 이름의 이미지를 마음에 각인시키지 않고 상대의 용모와 성격, 직업, 상태가 마음속으로 생각하는 것들에 주의력을 빼앗기고 마는 것이다. 이런 부주의 때문에 나중에 이름을 아무리 생각해 내려 해도 떠오르지 않는 것이다.

더 나쁜 상황은 상대의 이름을 아무렇지 않게 취급하는

습성이 배이게 되면 그렇지 않아도 이름을 외우는 부족한 기억력조차 잃고 만다. 기억력만큼 빠르게 산만한 주의력에 반항하는 것이 없기 때문이다. 아무래도 기억력은 주인이 흥미를 쏟지 않는 것에는 굳이 주의를 해가면서 보관하지 않는다는 방침을 세우고 일을 하는 것 같다.

지금 당장 이름에 흥미를 갖도록 노력하자

이름의 이미지를 떠올리는 것이 힘든 사람은 상대의 이름에 충분히 주의력을 쏟지 않았기 때문이다. 이름을 분석하고, 이름에 대해 생각하고, 이름이 가지고 있는 특징이나 유사성, 다른 점 등에 주목하라. 이름의 유래에 관한 책도 많이 나와 있어서 흥미를 가지고 읽는 사람들도 있다. 한 번이라도 흥미를 가지고 그런 종류의 책을 읽은 사람이라면 별 어려움 없이 이름을 기억할 수 있을 것이라고 단언해도 좋다.

왜냐하면 사람의 이름에는 의미가 있기 때문에 자신이 흥미를 느끼는 대상, 예를 들어 자신이 팔고 있는 상품의 명칭과 마찬가지로 사람의 이름을 외울 수 있게 된다. 모든 이름에는 유래와 의미가 있다. 하나의 성에 대해 같은 계통의 성을 거슬러 올라가면서 유래를 찾아보는 것은 매우 재미있는 일이다.

펜실베이니아의 한 집안의 선조는 '비클리(Beechley)'라는 성을 가진 독일인이었다. 손자 대에 이르러서는 여러 곳으로 분가를 하면서 많은 변화를 통해 서서히 영어식의 스펠링으로 변해갔다. 현재 이들의 일족은 'Beechleys', 'Backleys', 'Beachys', 'Beckleys', 'Buckles',

'Bickleys', 'Beecheys', 'Beechlys', 'Peachys', 'Pecks', 'Bickles' …. 이렇게 많은 변화를 거쳐 왔다. 몇 세대를 지나면서 글자 하나가 생략되거나 부분적으로 스펠링이 변하면서 비슷한 점이 완전히 사라져 전혀 다른 모습을 하게 되었다.

이 집안의 원래 성을 처음 들었을 때는 기억하기 힘들고 발음조차 어려웠다. 그러나 그 집안의 원로로부터 집안의 역사를 들은 뒤로는 그들의 원래 성, 혹은 확장 발전된 그들의 성을 쓰는 사람들을 만나게 되면 자연스럽게 기억할 수 있게 된다.

또 하나, 이전에 거래를 하고 있던 독일계의 상인중에 긴 성씨 때문에 외우기 힘든 적이 있었다. 그러던 어느 날 그의 성이 독일어로 '토끼 가죽'이라는 의미라는 것을 알게 되면서 지금까지의 고생이 믿기 어려울 만큼 '스미스'와 마찬가지로 간단하게 기억할 수 있게 되었다. 이 두 가지 예는 특정 이름에 대한 흥미를 갖게 만드는 것과 어떤 변화가 일어나는지를 알기 위해 열거한 것들이다. 이름에 대해 연상시키는 무언가를 기억하면 이름 자체를 자연스럽게 떠올릴 수 있을 것이다. 예를 들어 '밀러(Miller)'라면 제분업자 (miller)을 떠올리면 기억하기 쉬울 것이다. 그 외에도 다음과 같은 것을 연상할 수 있다.

→ '베이커(Baker)', '페인터(Painter)', '카펜터(Carpenter)' 등도 '밀러'와 같은 방법으로 외울 수 있다.

→ 동물 이름에서 유래한 '라이온(Ryon)', '폭스(Fox)', '램(Lamb)' 등도 연상하면서 외울 수 있는 이름이다.

→ 과일을 연상시키는 '체리(Cherry)' 등은 식물의 이름에서 유래한 성이다.

→ '블랙(Black)', '브라운(Brown)', '그린(Green)', '블루(Blue)', '화이트(White)', '그레이(Gray)' 등은 색의 이름과 자연스럽게 연상된다.

→ '베이컨(Bacon)', '크레이(Clay)', '건(Gun)', '캐논(Cannon)', '홀(Hall)', '케인(Kane)' 등도 외우기 쉬운 이름이다.

내가 아는 여성 중에 한 남성의 '호크(Hawlk)'라는 이름을 외우지 못해 난처해하고 있었다. 하지만 그 남성(참고로 그의 직업은 목사임)이 닭고기를 좋아한다는 사실을 알고부터 '닭(Chicken)' → '독수리(Hawk)' 라는 이미지가 연상되면서부터 곤경에서 벗어났다고 한다.

단, 이런 기억 방법은 궁여지책에 불과하다. 만나는 사람의 이름에 주의를 기울이고 이름에 흥미를 가지도록 마음을 단단히 먹고 선명한 이미지를 보관하는 것이 바람직한 방법이다. 상대의 이름에 억지로라도 주의를 기울여 의지의 힘으로 이름의 이미지를 기억 속에 각인시켜야 한다.

제일 먼저 상대의 이름에 흥미를 갖도록 하자. 이름을 이리저리 생각해보면서 주의력을 기울여 주길 바라며, 다음으로 그 사람의 용모와 인상에 주의를 집중하도록 노력하자. 내가 이전에 알고 있던 한 남성은 코와 연결 지어 사람의 이름을 외웠다. 그에게는 그런 연상이 쉬웠던지 상대의 코를 보는 순간 이름이 떠올랐고, 이름이 떠오르면 무의식적으로 그 사람의 코에 대한 멘탈 이미지를 그리게 되었다.

상대와 헤어진 다음에는 반드시 이름과 연계해서 그 사람의 용모를 떠올려 본다. 눈으로 본 상대와 이름사이에 최대한 강한 연결 고리를 만들어서 일체화시킨다. 예를 들어 처음 만난 '스토리 박사'와 헤어진 다음 의지의 힘으로 박사의 멘탈 이미지와 이름을 중첩시키면서 '스토리, 스토리, 스토리'라고 몇 번을 반복한다. 이 훈련을 하고 조금만 지나도 사람의 이름에 대한 흥미가 놀랄 만큼 커지고, 그로인해 강해진 주의력이 선명한 이미지로 이어진다. 이렇게 해서 일단 선명한 이미지를 받아들이게 되면 이름을 외우거나 떠올리는 것이 대단히 쉬워진다.

수많은 사람들이 도움을 받고 있는 방법

그것은 시각에 의한 이미지를 함께 활용하는 방법이다. 가능하다면 이름을 메모해 놓고 한동안 바라본 뒤에 메모를 버린다. 이렇게 하면 '마음의 눈'으로 이름을 볼 수 있는 것과 동시에 이름의 음과 다른 이미지들도 떠올릴 수 있게 된다. 가능한 한 많은 감각을 통해 이미지를 받아들이면 좋을 것이다.

루이 나폴레옹(나폴레옹 3세)의 이름을 기억하는 뛰어난 능력은 바로 이 메모 방식 덕분이라고 한다. 그의 삼촌인

나폴레옹 1세는 항상 이름의 소리와 함께 용모를 연관시켰기 때문에 이 방법은 필요가 없었다. 루이는 삼촌의 방법이 불가능했기 때문에 메모 방식에 의존해야 했지만, 부단한 노력 덕분에 결국 '삼촌의 재능을 물려받았다.' 라는 평판을 받을 수 있었다.

잊어버리기 쉬운 이름은 비슷한 이름이나 무언가 연관성이 있는 것, 혹은 상상으로 가공의 연관성이 있는 것과 연계해서 떠올릴 수 있다. 이전에 필라델피아의 '타운센드' 라는 변호사를 만난 적이 있었다. 이 사람이외에도 같은 성을 가진 사람을 몇 명 더 알고 있었는데 어쩐 일인지 그의 이름만은 잘 기억할 수 없었다. 아무리 애를 써도 그를 '타운센드 씨' 라고 밖에 생각할 수 없었던 것이다. 하지만 결국 해결책을 찾아낼 수 있었다. 저명한 저널리스트 작가인 조지 알프레드 타운센드(George Alfred Townsend, 1881~1914: 유명한 종군기자, 소설가)의 필명이 '가드(Gath)' 라는 것을 떠올리고 변호사 타운센드 씨를 '가드' 라고 부른 이후로 아무런 문제없이 그의 이름을 떠올릴 수 있게 되었다.

'타운센드' 라고 하는 성과 동명이인인 작가의 필명인

'가드'를 연상한다는 간단한 방법이었다. 타운센드 씨와 알게 된 것은 꽤 오래 전의 일이었지만 이 에피소드를 적기 시작하자 그의 멘탈 이미지가 생생하게 떠올랐다. 그러나 멘탈 이미지를 불러낸 계기가 된 것은 어디까지나 '가드'이지 '타운센드'가 아니었다.

일반적으로 이런 종류의 방법은 최선이라고 할 수 없기 때문에 반드시 특별한 상황에서만 이용해야 할 것이다. 가장 바람직한 것은 이름에 흥미를 가져야 한다는 사실에 기반을 둔 방법이다.

'이름을 관찰한다 → 분석한다 → 흥미가 생긴다 → 선명한 이미지를 받아들인다 → 간단히 기억을 떠올린다'. 이 흐름이 중요한 것이다.

그밖에도 이름을 새까맣게 잊어버렸을 때 자주 쓰는 방법이 있다. 마음 속으로 알파벳 A부터 Z까지 천천히 떠올려 본다. 한 자 한 자씩 주의력을 집중하라. 예를 들어 L까지 왔을 때 잊어버렸던 'Langtry(랭트리)'라는 이름이 현재 의식의 영역으로 드러났다고 가정해 보자. 이것은 이니셜의 L이 인식되어 그 문자로부터 이름 전체의 이미지를 연상한 덕분이다. 찾고 있던 이름의 이니셜을 찾아낼 때까지 알파벳을 순서대로 적어보는 사람도 있다. 이 방법은 시각까지 동원해서 기억하여 이름을 떠올릴 수 있다. 그리고 목소리를 내서 기억력을 총동원해서도 올바른 스펠링이 떠오르지 않을 때는 종이에 적어보면 스펠링이 틀렸다는 것을 깨달을 수도 있다.

  기억하기 힘든 이름을 떠올릴 때는 이름의 주인공과 만났을 때 주변에 무엇이 있었는지 등등을 주변 환경에서 떠올리려고 노력하면 기억이 되살아난다는 사람도 있다. 다시 말해서 머릿속으로 당시의 상황을 그려보면 이름이 쉽게 떠오른다는 것인데, 이것은 두 말할 필요도 없이 멘탈 이미지와 함께 그 이름이 현재의식의 영역으로 떠오른다는 것을 의미한다. 상대의 용모와 복장의 특징을 멘탈 이미지를 통해 그려 봄으로써 같은 효과를 얻는 사람도 있다.

  거듭 강조하지만 이런 종류의 방법은 특별한 경우나 위급한 상황에 도움이 되는 방법일 뿐이다. 최선의 방법은 이름에 흥미를 갖는 일에서부터 시작 된다는 사실을 잊어서는 안 된다.

---- 레슨14의 정리 ----

☐ 이름에 대한 기억력도 주의력과 훈련을 통해 향상될 수 있다.

☐ 이름을 분석하고, 이름에 대해 생각하고, 이름의 특색, 유사성, 차이점 등에 주목할 것.

☐ 이름을 메모할 것(메모방식)을 통해 이미지를 각인시키는 방법도 있다.

옮긴이 박별

사진작가이자 전문번역가, 아카시에이전트 대표.
역서로는 「세상을 자신 있게 사는 부의 지혜」, 「성공을 꿈꾸는 부자의 기술」, 「성공 열쇠」, 「성공의 비밀법칙」 「1% 리더만 아는 정신의 힘」, 「당당 심리학」외 다수가 있다.

성공을 부르는 기억의 힘

2012년 12월 25일 1판 1쇄 인쇄
2009년 12월 31일 1판 1쇄 펴냄

지은이 ㅣ 윌리엄 W. 앳킨슨
옮긴이 ㅣ 박별
기 획 ㅣ 김종찬
편 집 ㅣ 김민호
발행인 ㅣ 김정재, 김재욱

펴낸곳 ㅣ 나래북.예림북
등록 ㅣ 제 313-1997-000010호
주소 ㅣ 서울 마포구 합정동 373-4 성지빌딩 616호 ⑨ 121-884
전화 ㅣ (02) 3141-6147
팩스 ㅣ (02) 3141-6148
이메일 ㅣ scrap30@msn.com

ISBN 978-89-94134-20-8 13830

* 잘못 만들어진 책은 구입하신 서점에서 교환해 드립니다.
* 값은 뒤 표지에 있습니다.